THE LOOSE-LEAF STUDY GUIDE

GEOGRAPHY

FOR HS STUDENTS

JN042266

★ ★ ★

ルーズリーフ参考書
高校 地理総合

地理総合の要点を
まとめて整理するルーズリーフ

Gakken

A LOOSE-LEAF COLLECTION FOR A COMPLETE REVIEW OF GEOGRAPHY

本書の使い方　HOW TO USE THIS BOOK

ルーズリーフ参考書は，すべてのページを自由に入れ替えて使うことができます。
勉強したい範囲だけを取り出したり，自分の教科書や授業の順番に入れ替えたり……。
自分の使っているルーズリーフと組み合わせるのもおすすめです。
あなたがいちばん使いやすいカタチにカスタマイズしましょう。

各単元の重要なところが，
一枚にぎゅっとまとまっています。

STEP 1　空欄に用語を書き込む

図や資料を確認しながら，重要な用語を穴埋めし
ていきましょう。

➡ あっという間に要点まとめが完成！
　＊解答は巻末にあります。

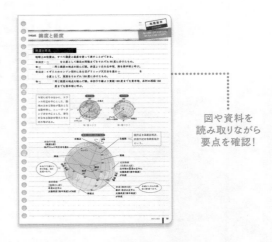

図や資料を
読み取りながら
要点を確認！

STEP 2　何度も読み返して覚える

苦手な部分をノートやバインダーにはさんで
おけば，すぐに要点を確認できます。

巻頭の
「白地図シート」は
自由に書き込みOK！
自分のノートまとめに
役立てよう！

赤やオレンジのペンで書き込めば，
赤フィルターをつかって
繰りかえし復習できます。

ルーズリーフのはがし方　HOW TO DETACH A SHEET

注意
ATTENTION

01 最初にリボンを取りはずしてください。
（カバーをはずしてシールをはがすか，はさみで切ってください）

02 はがしたいページをよく開いた状態で，
一枚ずつ端からゆっくりはがしてください。

力を入れて勢いよくひっぱったり，
一度にたくさんのページをはがしたりすると，
穴がちぎれてしまうおそれがあります。

01　　02

THE
LOOSE-LEAF
STUDY GUIDE

GEOGRAPHY

FOR HS STUDENTS

ルーズリーフ参考書
高校 地理総合

CONTENTS

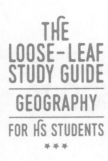

THE
LOOSE-LEAF
STUDY GUIDE

GEOGRAPHY

FOR HS STUDENTS
❋❋❋

ルーズリーフ参考書
高校 地理総合

CONTENTS

協力　コクヨ株式会社
編集協力　中屋雄太郎，野口光伸，菊地聡（編集事務所敷香），粕谷佳美，高木直子
カバー・本文デザイン　LYCANTHROPE Design Lab.［武本勝利，峠之内綾］
DTP　(株)四国写研
イラスト・図版　キタハラケンタ，斉藤明子，(株)四国写研，(株)木村図芸社
写真提供　写真そばに記載

時 間 割

学校の時間割や塾の予定などを書き込みましょう。

		月	火	水	木	金	土
登校前							
1							
2							
3							
4							
5							
6							
放課後	夕食前						
	夕食後						

年間予定表

定期テストや学校行事などのほか、個人的な予定も書き込んでみましょう。

4月	
5月	
6月	
7月	
8月	
9月	
10月	
11月	
12月	
1月	
2月	
3月	

1年間の目標　主に勉強に関する目標を立てましょう。

世界地図

CHECK

\ いつでもチェック！重要シート /

白地図シート

世界地図

世界地図

\ いつでもチェック！重要シート /
白地図シート

世界地図

白地図シート

日本地図

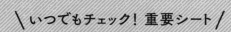

\ いつでもチェック！重要シート /

白地図シート

日本地図

白地図シート

日本地図

\ いつでもチェック! 重要シート /

白地図シート

日本地図

白地図シート

東アジア

東南アジア

白地図シート

東アジア

東南アジア

白地図シート

CHECK ✓

No.
Date

ヨーロッパ

アフリカ・西アジア・南アジア

\ いつでもチェック！重要シート /

白地図シート

ヨーロッパ

アフリカ・西アジア・南アジア

白地図シート

南北アメリカ

\ いつでもチェック! 重要シート /

白地図シート

南北アメリカ

No.

地理総合
GEOGRAPHY

Date

THE LOOSE-LEAF STUDY GUIDE
FOR HIGH SCHOOL STUDENTS

THEME 緯度と経度

緯度と経度

地球上の位置は，すべて緯度と経度を使って表すことができる。

● 緯度： 01 _____ を0度として南北の両極までをそれぞれ90度に分けたもの。

● 02 _____ ：同じ緯度の地点を結んだ線。赤道より北を北半球，南を南半球と呼ぶ。

● 経度：イギリスのロンドン郊外にある旧グリニッジ天文台を通る 03 _____ を
0度として，東西をそれぞれ180度に分けたもの。

● 04 _____ ：同じ経度の地点を結んだ線。本初子午線より東経180度までを東半球，反対の西経180
度までを西半球と呼ぶ。

半球にはそのほかに，フランス付近を中心とした，陸地の占める割合が最大となる陸半球と，ニュージーランド沖を中心とした，海洋が占める割合が最大となる水半球がある。

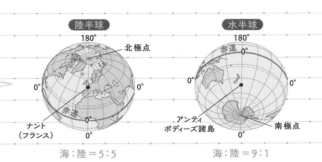

陸半球
180°
北極点
0° 0°
赤道
ナント
（フランス）
0°
海：陸＝5：5

水半球
180°
赤道 0°
0° 0°
アンティ
ポディーズ諸島
南極点
0°
海：陸＝9：1

極付近を高緯度地方，赤道付近を低緯度地方という。

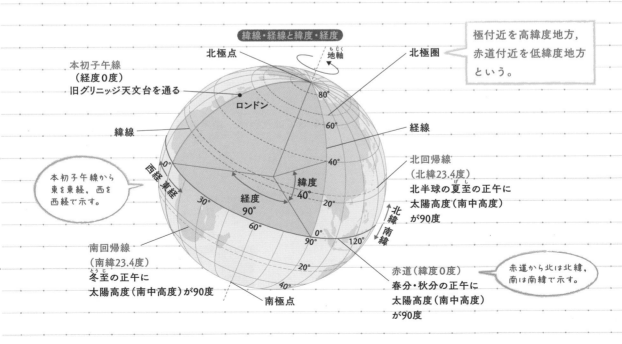

緯線・経線と緯度・経度

地軸

北極点

北極圏

本初子午線
（経度0度）
旧グリニッジ天文台を通る

ロンドン

80°

60°

緯線

経線

北回帰線
（北緯23.4度）
北半球の夏至の正午に
太陽高度（南中高度）
が90度

40°

緯度
40°

20°

本初子午線から
東を東経，西を
西経で示す。

0°
回帰東経西経

30°

経度
90°

60°

90°

120°

北緯
南緯

南回帰線
（南緯23.4度）
冬至の正午に
太陽高度（南中高度）が90度

20°

40°

南極点

赤道（緯度0度）
春分・秋分の正午に
太陽高度（南中高度）
が90度

赤道から北は北緯，
南は南緯で示す。

回帰線と極圏

地球は地軸を 23.4 度（23 度 26 分）傾けたまま太陽の周りを公転する。

→緯度の異なる地域では，太陽の光の当たり方に差が生じ，気温差が生じる。緯度は，昼夜の長さに
も変化をもたらす。

●夏至：北半球で昼の時間が最も長くなる日。

→ 05 ＿＿＿＿＿＿＿：北半球が夏至のときに，正午に太陽の真下になる北緯 23.4 度の緯線。

●冬至：北半球で昼の時間が最も短くなる日。

→ 06 ＿＿＿＿＿＿＿：北半球が冬至のときに，正午に太陽の真下になる南緯 23.4 度の緯線。

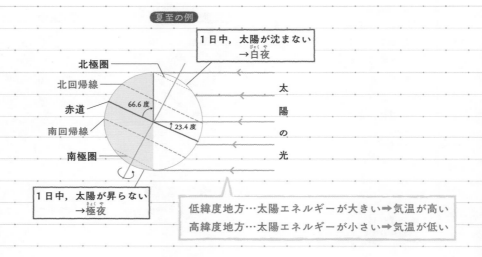

夏至の例

1 日中，太陽が沈まない
→白夜

北極圏
北回帰線
赤道
南回帰線
南極圏

66.6 度
23.4 度

太陽の光

1 日中，太陽が昇らない
→極夜

低緯度地方…太陽エネルギーが大きい➡気温が高い
高緯度地方…太陽エネルギーが小さい➡気温が低い

●緯度 66.6 度以上の高緯度地方を極圏といい，北半球では北極圏，南半球では南極圏という。

極圏で見られる現象

● 07 ＿＿＿＿＿…夏に太陽が沈まず，
沈んでも一晩中暗くならない現象。

● 08 ＿＿＿＿＿…冬に正午になっても
太陽が昇らない現象。

白夜の様子（アラスカ）
（アフロ）

写真は深夜の
太陽の動き。

極夜の様子（ノルウェー）
（アフロ）

No.

地理総合
GEOGRAPHY

Date

THE LOOSE-LEAF STUDY GUIDE
FOR HIGH SCHOOL STUDENTS

THEME 時差

時差のしくみ

時差：場所による時刻のずれ。

地球は西から東へ自転しており，1日（24時間）でほぼ1回転（360度）する

➡世界各地の時刻は経度 01 _____ 度ごとに1時間の時差が生じる。

国際的な時刻の基準

● 02 _____：イギリスのロンドン郊外にある旧グリニッジ天文台を通る本初子

午線を基準にした時刻で，国際的な時刻の基準（世界標準時）。

➡グリニッジ標準時に対し，東経の地域では時刻が進み，西経の地域では時刻が遅れる。

●国や地域は 03 _____ を定め，それに合わせた時刻を国内の標準時としている。

➡日本は東経135度を標準時子午線とし，グリニッジ標準時よりも9時間進んでいる（GMT＋9）。

┗兵庫県明石市を通る

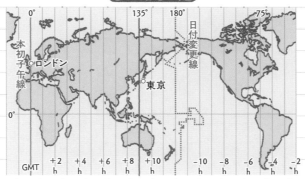

GMTと各地の時差

時差の計算

2つの都市や地域の標準時子午線の経度差から時差を計算することができる。

2つの地点間の時差＝2つの地点間の経度差÷15

①東経（西経）にある都市どうしの経度差の求め方

経度の大きい都市の経度－経度の小さい都市の経度

②東経にある都市と西経にある都市の経度差の求め方

東経にある都市の経度＋西経にある都市の経度

（例）西経75度の経線を標準時子
午線としているニューヨークと東
京の時差。
東京とニューヨークの経度差は，
135度＋75度＝210度なので，
東京とニューヨークの時差は，
210÷15＝14で，14時間となる。

| 東経 180 度の経線を標準時とする地域の時刻 | ➡ | GMT ＋ 12 |
| 西経 180 度の経線を標準時とする地域の時刻 | ➡ | GMT － 12 |

経度 180 度の経線を境に，その東西では 24 時間（1 日分）の時差が生じる。

➡ そのため，180 度の経線にほぼ沿うように，04 _____ を引き，1 日分の時間差を調整している。

> アメリカやロシアなどの国土が東西に広い国では，複数の標準時を定めている。

世界の等時帯

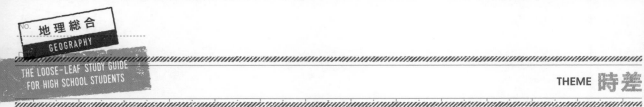

+3:30 +4:30 +5:45
+5:30 +6:30

-3:30

+9:30

日付変更線

東半球

西半球

| | 0° | | 30° | | 60° | | 90° | | 120° | | 150° | | 180° | | 150° | | 120° | | 90° | | 60° | | 30° |
| -1 | 0 | +1 | +2 | +3 | +4 | +5 | +6 | +7 | +8 | +9 | +10 | +11 | +12 | -12 | -11 | -10 | -9 | -8 | -7 | -6 | -5 | -4 | -3 | -2 |

（Diercke Weltatlas 2015）

> 帯状に区分された標準時が同じ地域を等時帯という。

● 05 _____ ：昼が長くなる夏の間だけ，時刻を標準時から 1 時間程度進める制度。

アメリカなどで導入。春から秋にかけて実施。

この導入によって明るい時間帯を効率的に利用➡省エネルギーの取り組みや余暇時間の充実など。

> なお，日本でも一時期採用されたが，1952 年に廃止され，現在導入されていない。

No.

Date

地理総合
GEOGRAPHY

THE LOOSE-LEAF STUDY GUIDE
FOR HIGH SCHOOL STUDENTS

THEME さまざまな地図

図法の種類

● 地球儀：地球をほぼそのままの形で縮めた模型。→面積や方位，距離などをほぼ正確に表している。

● 球体である地球を平面の地図に表そうとすると，___01___ が生じ，面積，距離，方位，角度などのすべてを同時に正しく表すことができない。

→ そのため，目的に応じてさまざまな ___02___ で作成された地図がある。

◀ ___03___ 図法

経線に対する角度が正しく表されたこのような地図を正角図という。目的地までの航路が経線と一定の角度を保つ等角航路が直線で表される。かつて航海に利用されてきた。
高緯度地域でひずみが大きく，面積や距離，方位は正しくない。

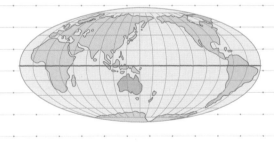

◀ ___04___ 図法

面積が正しく表されたこのような地図を正積図という。モルワイデ図法の地図は高緯度地域のひずみが小さく，サンソン図法の地図は低緯度地域のひずみが小さいという特徴がある。
その他に，サンソン図法とモルワイデ図法の地図を組み合わせたホモロサイン図法（グード図法）という地図がある。

◀ ___05___ 図法

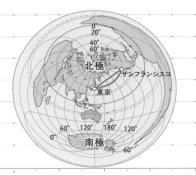

◀ ___06___ 図法（この図は東京中心）

中心からの距離と方位が正しく表された地図。地図の中心からある地点までを結んだ直線は，最短距離となる（大圏航路，大圏コース）。航空図などに用いられる。周縁部ほど形や面積のひずみが大きく，大陸の形や面積は正しくない。

地図の種類

地図：07 _____ を縮小あるいは記号化して平面で表したもの。
  └→ 自然環境・人口・土地利用・産業などに関する情報を
     地域的に整理したもの

　　目的によって，一般図と 08 _____ に分けることができる。

一般図：特定のテーマではなく地形や道路などの地理情報を網羅的に盛り込んだ地図。

　　（例）国土地理院が発行する 09 _____ ，地勢図など

主題図：特定の主題（テーマ）に合わせて必要な情報を取り上げて表した地図。

　　（例）統計地図，気候区分図，住宅地図，土地利用図など
　　　　　└→ 統計数値を示した地図

統計地図 ┬ 10 _____ ── ドットマップ，流線図，等値線図，図形表現図など
         │ └→ データの絶対値を示した地図
         │
         └ 11 _____ ── 階級区分図（コロプレスマップ），メッシュマップなど
            └→ 単位面積あたりや人口１人あたりの相対値を示した地図

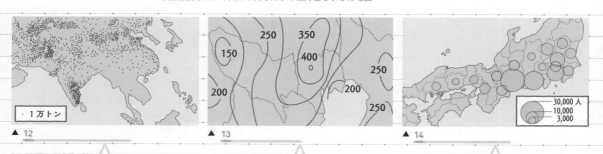

▲ 12

・１万トン

その地域の数量を点で表した地図

▲ 13

同じ値の地点を結び，線で表した地図

▲ 14

30,000人
10,000
3,000

円の大きさなどで数値を表した地図

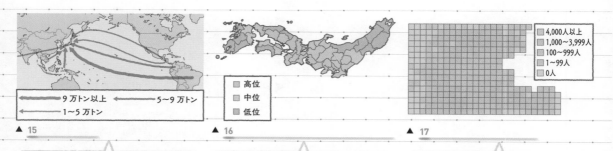

▲ 15

９万トン以上　　５〜９万トン
１〜５万トン

人や物の移動や量を矢印とその幅で表した地図

▲ 16

■高位
■中位
■低位

いくつかの階級に区分して，色彩や模様のパターンで表した地図

▲ 17

■4,000人以上
■1,000〜3,999人
■100〜999人
■1〜99人
■0人

地域をメッシュ（網目）状に区切り，色分けし，階級区分した地図

No.

地理総合
GEOGRAPHY

Date

THE LOOSE-LEAF STUDY GUIDE
FOR HIGH SCHOOL STUDENTS

THEME **地形図の利用**

地形図

● **地形図**：地表の測量結果などを編集し，さまざまな事象を決められた図式で記号化して紙などの上に描いた一般図。日本では 01 ＿＿＿＿＿＿＿ が発行。

主な 02 ＿＿＿＿＿ …１万分の１，２万５千分の１，５万分の１の３種類。

実際の距離を
縮小した割合 → ← 大都市地域
のみ

現在更新・発行されているのは２万５千分の１の
地形図のみ

● 03 ＿＿＿＿＿＿＿：同じ標高の地点を結んだ線。計曲線，主曲線，補助曲線の種類がある。

等高線の間隔と土地の傾斜

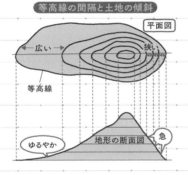

線の種類 ＼ 縮尺		５万分の１	２万５千分の１
計 曲 線	〜	100 m ごと	50 m ごと
主 曲 線	〜	20 m ごと	10 m ごと
補助曲線	− − −	10 m ごと	5 m か 2.5 m ごと
	⋯⋯	5 m ごと	−

主な地図記号（平成25年図式）

＝＝＝＝ 4 車線以上の道路		＝＝ 2 車線 幅員 13 m 以上	
── 1 車線の道路		------- 徒歩道	
======== 庭園路		・ ・ 有料道路	
─┼─ 橋・高架		▨ 高速道路	
(14) 国道・国道番号		▨ 都道府県道	
（単線）駅（複線以上）建設中 JR 線 トンネル		□ 路面の鉄道	
JR 線以外		リフト等	

─・─・─ 都府県界		▨ 普通建物	
─── 市区町村界		▨ 堅ろう建物	
─── 北海道総合振興局・振興局界		▨ 高層建物	

‖ 田	∨ 畑	○ 果樹園	∴ 茶畑	Q 広葉樹林	⋀ 針葉樹林	⋔ 竹林	⊥⊥ 荒地

◎ 市役所	⌂ 記念碑	开 神社	∴ 史跡・名勝・天然記念物
○ 町村役場	⌂ 自然災害伝承碑	卍 寺院	
⌂ 官公署	⌂ 煙突	☼ 灯台	⌂ 老人ホーム
♤ 裁判所	⌂ 電波塔	凵 城跡	✕ 小・中学校
◇ 税務署	⊗ 警察署	∭ 温泉	⊗ 高等学校
Y 消防署	✕ 交番	⊥ 墓地	⚓ 港湾
⊞ 病院	⊖ 郵便局	⌂ 図書館	⚓ 漁港
⊕ 保健所	⌂ 発電所等	血 博物館	⋯⋯ 送電線
⊡ 高塔	⌂ 風車	△52.6 三角点	□21.7 水準点

● 04 _____：紙媒体の2万5千分の1地形図や空中写真などをデジタルデータ化した地図。
国土地理院の地理院地図サイトから閲覧可能。

＜地形図のデジタル化の利点＞
・重要な事象の変化をすぐに地形図に反映することができる。
・大規模な災害時には，被災地の空中写真を撮影・公開し，災害対応に役立つ。

混同しやすい地図記号！
果樹園（◦）と広葉樹林（◦）

正確な位置を求めるための
基準となる三角点

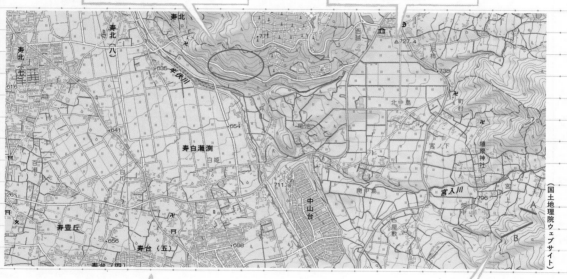

（国土地理院ウェブサイト）

方位は特にことわりがない場合，
上が北を示す。

AはBより等高線の間隔が狭い。
➡傾斜が急であることを表している。

実際の距離の求め方

実際の距離＝地図上の長さ× 05 _____ の分母

（例）2万5千分の1地形図上のA地点からB地点までの長さが5cmのときの実際の距離
5（cm）×25000＝125000（cm）＝1250（m）　となる。

No.
Date.

地理総合
GEOGRAPHY

THE LOOSE-LEAF STUDY GUIDE
FOR HIGH SCHOOL STUDENTS

THEME **地理情報システムの活用**

地理情報システム（GIS）

> 同じ種類ごとにレイヤ（レイヤー）と呼ばれるまとまりで管理。

01 _____：統計データや観測データなどの地理情報を，さまざまな表現方法で地図上に重ね合わせて分析するシステム。

—— デスクトップ GIS：パソコン（PC）にインストールして使う。
専門的な機能。
（活用事例）気温や降水量などのデータが重ねられた気象情報。

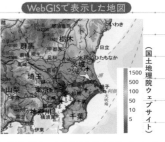

WebGISで表示した地図

（国土地理院ウェブサイト）

—— WebGIS：国や地方公共団体，企業などが提供。行政の政策立案や民間企業のマーケティングなどに幅広く利用されている。
（活用事例）現在地から目的地までの最短ルートを示す地図。

●地理情報に関する膨大なデータ（**02 _____**）を基盤にしている。

→ **03 _____** で取得したデータも。
　└ 地上から離れたところから，人工衛星や航空機，小型無人機（ドローン）などを使って，地表や大気の様子を観測・探査して情報を収集し分析・表示する技術

> アメリカの GPS，日本のみちびき，EU の Galileo（ガリレオ）など。

●位置情報…人工衛星から電波を受信して現在の位置を把握する **04 _____** によって取得されている。

GISのしくみの一例

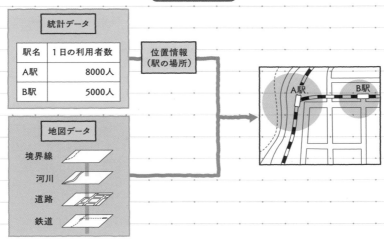

駅名	1日の利用者数
A駅	8000人
B駅	5000人

統計データ

位置情報（駅の場所）

地図データ
境界線
河川
道路
鉄道

THEME 地理情報システムの活用

WebGISの使い方

代表的な WebGIS には，地理院地図や e-Stat の「地図で見る統計（jSTAT MAP）」などがある。

● 05 _____ ： 06 _____ がインターネット上で公開している最新の電子国土基本図。

<例：東京から大阪までの距離の調べ方>

手順①：地理院地図のウェブサイト（https://maps.gsi.go.jp/）を開く。

手順②：右上の「ツール」をクリックし，「計測」をクリック。

手順③：地図上で計測開始位置である東京の位置をクリック。

手順④：地図上で大阪の位置をクリック。

（国土地理院ウェブサイト）

東京・大阪間は直線
距離で約400kmある
ことが表示されている。

◀地理院地図の表示例

● e-Stat：日本の統計が閲覧できる政府統計の総合窓口。

　　　　　e-Stat の機能の一つに「地図で見る統計（jSTAT MAP）」という地図上に統計データを
　　　　　表示することができる WebGIS があり，さまざまな統計データを地図に表示可能。

<例：最新の都道府県別の核家族世帯の割合の調べ方>

手順①：「jSTAT MAP」を開き，右下の「統計地図作成」をクリック。

手順②：「統計グラフ作成」をクリック。

手順③：「統計調査（集計）」の「調査名」で「国勢調
　　　　査」を，「年」で最新年を，「集計単位」で「都
　　　　道府県」をそれぞれ選択。

手順④：「統計表」で「核家族世帯割合，世帯員年齢
　　　　別割合」を，「指標」で「核家族世帯の割合」
　　　　をそれぞれ選択。「指標選択」をクリック，
　　　　右下の「次へ」をクリックし，次の画面で右
　　　　下の「集計開始」をクリック。

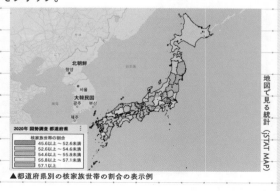

地図で見る統計（jSTAT MAP）

▲都道府県別の核家族世帯の割合の表示例

THEME 国家のなりたちと日本の領域

国家と領域

● 国家の三要素：領域，01 ＿＿＿＿＿＿，02 ＿＿＿＿＿
→ 主権がおよぶ範囲。領　　　　→ 他国の干渉を受けず国家を統治する権利
土・領海・領空がある。

● 03 ＿＿＿＿＿：領海の外側に接するように設定され，沿岸国の法令によって一定の規制を行うこと
が認められた海域。

● 04 ＿＿＿＿＿＿＿＿：領海の外側で海岸から 200 海里以内の，沿岸国に水産資源や海底の
鉱産資源を独占的に利用・管理することが認められた海域。

領域の模式図

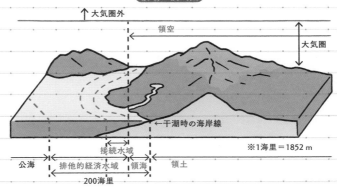

↑ 大気圏外　　　　　領空　　　　　大気圏

←干潮時の海岸線

接続水域　　　※1海里＝1852 m

公海　排他的経済水域　領海　領土
200海里

国境の種類

● 国境 ┬ 05 ＿＿＿＿＿：山脈，河川，湖沼などの自然の地形に沿って定められた国境。
　　　 └ 06 ＿＿＿＿＿：緯線や経線，建造物などを基準に定められた国境。

緯線や経線を利用した国境を数理的国境と呼ぶこともある。

自然的国境が見られるアメリカとカナダの国境

(PIXTA)

アメリカとカナダの国境の一部は
ナイアガラ滝が自然的国境になって
いる。

人為的国境が見られるアフリカの国境

赤道

緯線や経線に沿った直線的な
国境（人為的国境）が見られる。

THEME **国家のなりたちと日本の領域**

日本の領域

● 約 38 万 km² の領土をもち，その周りには領海，排他的経済水域が広がる。

● 日本は島国（海洋国家）で離島が多い➡排他的経済水域の面積が国土面積の約 12 倍。

> 領海と排他的経済水域を合わせた面積は世界第 6 位。

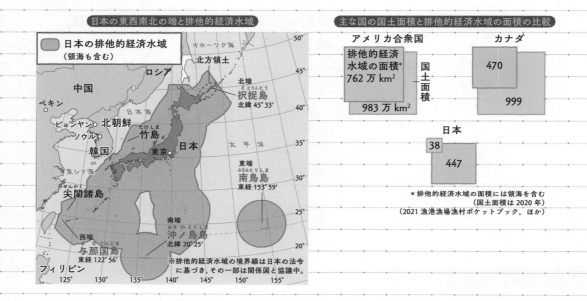

日本の東西南北の端と排他的経済水域

日本の排他的経済水域
（領海も含む）

オホーツク海
北方領土
ロシア
中国
北端
択捉島
えとろふとう
北緯 45°33'
ペキン
ピョンヤン
北朝鮮
竹島
たけしま
ソウル
韓国
日本
東京
太平洋
東シナ海
東端
南鳥島
みなみとりしま
東経 153°59'
尖閣諸島
せんかくしょとう
南端
沖ノ鳥島
おきのとりしま
北緯 20°25'
西端
与那国島
よなぐにじま
東経 122°56'
フィリピン

※排他的経済水域の境界線は日本の法令に基づき，その一部は関係国と協議中。

主な国の国土面積と排他的経済水域の面積の比較

アメリカ合衆国
排他的経済水域の面積* 762 万 km²
国土面積
983 万 km²

カナダ
470
999

日本
38
447

* 排他的経済水域の面積には領海を含む
（国土面積は 2020 年）
（2021 漁港漁場漁村ポケットブック，ほか）

領土をめぐる問題

日本の領土の中には，領有をめぐって隣国との間に課題のある地域もある。

領　土	島の概要と課題
● 07	日本固有の領土。北海道北東部に位置する，歯舞群島，色丹島，国後島，択捉島からなる地域。第二次世界大戦後，ソ連に占拠され，ソ連解体後，ロシアが不法に占拠。日本は返還を求めている。
● 08	日本固有の領土。島根県に属し，日本海上の 2 つの島と数十の小島からなる。1952 年以降，韓国が不法に占拠。日本は抗議を続けている。
● 09	1895 年に沖縄県に編入された日本固有の領土。他国との間に解決すべき領有権問題は存在しない。しかし，1970 年代以降，中国などが領有権を主張。日本は 2012 年に大半を国有地化した。

No.

地理総合
GEOGRAPHY

Date

THE LOOSE-LEAF STUDY GUIDE
FOR HIGH SCHOOL STUDENTS

THEME 国家間の結びつき

国家間の結びつきと紛争

20世紀半ば以降，世界の国々は政治的・経済的な結びつきを強める一方，関係は複雑化している。
同盟や条約などを通じた国家間の結びつきが崩れると，紛争が勃発することもある。

国際連合（国連，UN）のはたらき

● 1945年に発足し，発足時は加盟国が51か国。その後，独立国の増加などにより，193か国が加盟（2022年現在）。

● 全加盟国の代表によって構成される総会では，世界平和，政治や経済，環境，人道支援，民族紛争など，地球規模のさまざまな問題について話し合いが行われている。

● 近年，01 ＿＿＿＿＿＿＿＿＿＿＿＿＿＿（➡ P.85）に向けた取り組みにおいても中心的な役割を果たしている。

> 2015年の国連サミットで全会一致で採択された，
> 2030年までに達成すべき世界の開発目標

第二次世界大戦後の独立国とその数の推移

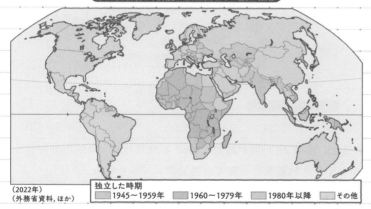

（2022年）
（外務省資料，ほか）

独立した時期
■ 1945～1959年　■ 1960～1979年　■ 1980年以降　□ その他

> アフリカの多くの国が
> 独立した1960年は，
> アフリカの年と呼ばれた。

国際連合の地域別加盟国数の推移

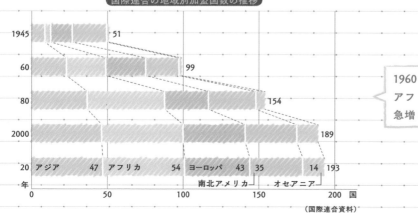

年		
1945	51	
60	99	
80	154	
2000	189	
20	アジア 47　アフリカ 54　ヨーロッパ 43　35　14　193	

南北アメリカ　オセアニア

0　　　50　　　100　　　150　　　200　国

（国際連合資料）

> 1960年から1980年にかけて
> アフリカの加盟国数が
> 急増している。

THEME **国家間の結びつき**

地域統合の動き

> 経済規模の拡大によって，市場の価値を高められることが期待される。

●冷戦終結後，<u>02</u> が進展➡地域ごとの経済的な結びつきが強まり，**地域統合**へ。
└ 人やモノ，お金，情報などが国境を越えて自由に移動する世界の一体化の動きのこと

主な地域統合

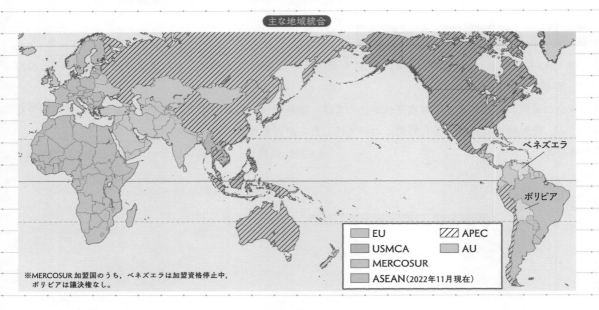

EU	APEC
USMCA	AU
MERCOSUR	
ASEAN（2022年11月現在）	

※MERCOSUR加盟国のうち，ベネズエラは加盟資格停止中，ボリビアは議決権なし。

主な地域統合の目的

名称（略称）	概　要
03	1993年発足。現在27か国が加盟。1967年発足のヨーロッパ共同体（EC）から発展。加盟国の一部で共通通貨ユーロを導入。
東南アジア諸国連合（ASEAN）	1967年発足。東南アジアの10か国が加盟。政治・経済・安全保障などで協力。
アフリカ連合（AU）	2002年発足。アフリカの55の国と地域が加盟。域内の政治的・経済的統合の実現や紛争の予防・解決などをめざす。
04	2020年に北米自由貿易協定（NAFTA）にかわり発効された貿易協定。
南米南部共同市場（MERCOSUR）	1995年発足。南アメリカの6か国が加盟。域内の自由貿易を目的に，経済・貿易面で協力関係を強化。
05	1989年から会議を開催。環太平洋地域の21の国と地域が参加。

その他，主な国際機構・協定として，北大西洋条約機構（NATO），石油輸出国機構（OPEC），経済協力開発機構（OECD）などがある。

地理総合
GEOGRAPHY

No.

Date

THE LOOSE-LEAF STUDY GUIDE
FOR HIGH SCHOOL STUDENTS

THEME 貿易の拡大

現代の貿易の特徴

> アメリカ，日本，ヨーロッパの先進国が中心

- 1980年代以降，貿易の自由化 ➡ 世界の貿易額が大幅に増加。
- 2000年代に入って，01 _____ （ブラジル，ロシア，インド，中国，南アフリカ共和国）をはじめとする新興国の貿易額が急増した。

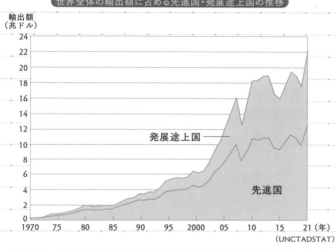

世界全体の輸出額に占める先進国・発展途上国の推移

輸出額
（兆ドル）

発展途上国

先進国

1970 75 80 85 90 95 2000 05 10 15 21（年）
(UNCTADSTAT)

> 2000年代以降，発展途上国の輸出額が急増し，現在では，先進国と発展途上国の輸出額に大きな差はない。

- 国連の 02 _____ では，多くの国々が加盟していることから，各国の利害が一致することが難しく交渉が難航する。

↓

そのため，自由貿易協定（FTA）や経済連携協定（EPA）を締結し，自由貿易の新しいしくみづくりが進められている。

- 03 _____ ：特定の国や地域間で，関税の削減・撤廃やサービス貿易の自由化などをめざして結ばれる協定。

- 04 _____ ：人材交流や投資規制の撤廃・緩和，05 _____ の保護などの幅広い分野での連携をめざして結ばれる協定。

FTAとEPA

EPA

FTA

関税の削減・撤廃	サービス貿易の自由化

など

人の交流	各分野での協力
投資，ビジネス環境の整備	知的財産権の保護，競争政策の連携

> 文章や写真，音楽，動画などの著作物に関する著作権や，商品名などの商標権，特許権，デザインなどに関する権利。

国際分業

グローバル化を背景に経済的な結びつきが強まり，それぞれの国が自国の強みを生かして生産した製品を輸出し合う 06 _____ が進んでいる。

〈国際分業の主な貿易形態〉

● 07 _____ ：主に先進国どうしで行われてきた貿易形態。

一般に工業製品を相互に輸出し合う。

● 08 _____ ：先進国と発展途上国の間で行われてきた貿易形態。

一般に先進国が工業製品を輸出し，発展途上国が食料品や鉱産資源などの一次産品を輸出する。

水平貿易と垂直貿易

工業製品

先進国 ← 水平貿易 → 先進国

工業製品

工業製品　垂直貿易　一次産品

近年は先進国と発展途上国の間の貿易も水平貿易に変わってきている。

発展途上国

国際分業の成立

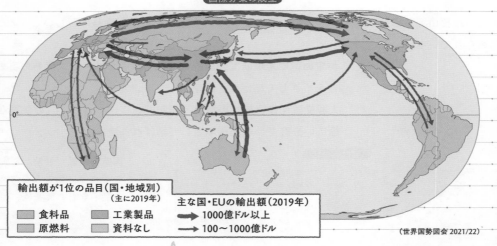

輸出額が1位の品目（国・地域別）
（主に2019年）

食料品　　工業製品
原燃料　　資料なし

主な国・EUの輸出額（2019年）
→ 1000億ドル以上
→ 100〜1000億ドル

（世界国勢図会 2021/22）

アメリカや日本，ヨーロッパの 09 _____ 国のほか，BRICS，オーストラリアなどで輸出額が多くなっている。

No.

Date

地理総合
GEOGRAPHY

THE LOOSE-LEAF STUDY GUIDE
FOR HIGH SCHOOL STUDENTS

THEME 交通機関の発達

交通手段や交通網の発達

● 19世紀：産業革命によって蒸気機関を動力とする蒸気機関車や蒸気船が実用化。

⬇

→ 内燃機関（エンジン）を動力とするガソリン自動車が開発され，人々の移動範囲が拡大。

● 20世紀半ば：旅客用にジェット機が開発。

→ 航空交通の発達により世界各地を結ぶ 01 ＿＿＿＿＿＿＿ が急速に短縮された。

└→ 物理的な絶対距離ではなく，移動にかかる時間で表した距離

> 20世紀前半は東京からサンフランシスコ（アメリカ）まで旅客船で約13日かかっていたが，今日では航空機で約9時間で到達できる。

● 今日，交通手段の発達によって世界各地がより短時間で結ばれ，人（旅客）やモノ（貨物）の移動が世界規模で増大している。

● 交通手段は 02 ＿＿＿＿＿＿＿ ，航空交通，陸上交通の大きく3つに分けられる。

海上交通の特徴

● 一度に大量の貨物を安く運ぶことができる。

● 船舶による輸送は，鉄道や自動車，航空機による輸送に比べて速度が遅い。

〈主な輸送船〉

コンテナ船…食料品や工業製品などを輸送。

タンカー…原油や液化天然ガスなどを輸送。

ばら積み貨物船…鉱産資源や穀物などを輸送。

コンテナ船

（アフロ）

● 03 ＿＿＿＿＿＿＿ とそれらを結ぶ運河が整備されているヨーロッパでは，古くから河川・湖沼・運河などを利用した内陸水路交通が発達している。

ヨーロッパの内陸水路交通

> 河川や運河を利用して，北海から黒海まで船で通り抜けることができる。

航空交通の特徴

● 海上輸送よりも短時間で輸送できるが，輸送費用が高い。

● 軽量で高価な電子部品や精密機械，生鮮品などの輸送に適している。

➡ 輸送に便利なことから，空港周辺には半導体などの電子部品を生産する工業団地や流通センターなどが多く立地している。

● 近年，大きな経済効果が期待されていることから，

<u>04</u> の重要性が高まっている。

┗ 国際空港のうち，その地域において，旅客・貨物の輸送の中心となっている空港。自転車の車輪の軸（ハブ）のように，放射状に航空路線が伸びていることから，こう呼ばれている。

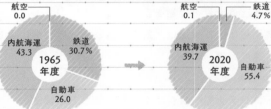
ハブ空港を使った航空路線のイメージ

● ハブ空港
· 地方空港
━ 主要路線

➡ アジアでは韓国の仁川国際空港，シンガポールのチャンギ国際空港などが地位を高めており，地域内の主導権争いが激化している。

陸上交通の特徴

● 鉄道や自動車などを使って輸送される。

● 比較的近い距離の輸送を担うが，輸送頻度が高い。

➡ 航空輸送に比べて輸送量が多い。

● 日本では20世紀半ば以降に道路交通網が発達し，鉄道に代わって自動車が陸上交通の主役となる <u>05</u> が進展。

➡ 高速道路沿いに工業団地や物流センターなどを集めたことで，輸送量が増大した。

➡ 道路交通網の発達と自動車の利用の増加によって都市を拡大させた。

日本国内の貨物輸送と旅客輸送の輸送手段の内訳

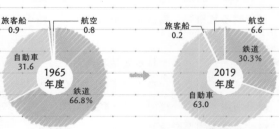

航空 0.0
内航海運 43.3
鉄道 30.7%
自動車 26.0
1965年度
貨物輸送

航空 0.1
鉄道 4.7%
内航海運 39.7
自動車 55.4
2020年度
貨物輸送

旅客船 0.9
航空 0.8
自動車 31.6
鉄道 66.8%
1965年度
旅客輸送

旅客船 0.2
航空 6.6
鉄道 30.3%
自動車 63.0
2019年度
旅客輸送

（日本国勢図会 2022/23 ほか）

モーダルシフト

● トラックなどの自動車による貨物輸送が増えた結果，それに伴う騒音，二酸化炭素の排出量の増加，交通渋滞など環境負荷が問題視されるようになった。

➡ トラックに代えてより環境負荷の少ない鉄道や船舶などに輸送手段を移行させるモーダルシフトが注目されている。

No.

地理総合
GEOGRAPHY

Date

THE LOOSE-LEAF STUDY GUIDE
FOR HIGH SCHOOL STUDENTS

THEME 通信技術の発達

通信技術の発達

● 19世紀：電気通信技術が開発される。

→情報伝達にかかる時間が大幅に短縮される。

● 19世紀半ば：大西洋横断電信ケーブルが敷設される。

→大陸間での電気通信が可能になる。

● 20世紀半ば：01 _____ による情報通信技術（ICT）の開発が進む。

└● 電波を用いた通信を行うために宇宙空間に打ち上げられた人工衛星。静止衛星と周回衛星がある。

● 1980年代：02 _____ が敷設される。

→データ通信の範囲が拡大し，高速かつ大容量の情報を瞬時に伝達することができるようになる。

● 現在の国際通信は，通信衛星に代わって，ほとんどが大陸間の海底ケーブル（海底光ファイバーケーブル）を利用している。

> 通信衛星は，太平洋衛星，大西洋衛星，インド洋衛星の3基で世界のほぼ全域をカバーしている。

> 海外のテレビ中継やウェブサイトの閲覧，電子メールの送受信，国際電話などほとんどの国際通信で利用されている。

海底ケーブル網と各国・地域のインターネット普及率

―― 主な海底ケーブルの敷設状況（2022年現在）

100人あたりのインターネット利用者数（主に2019年）
　80人以上　　20〜79人　　20人未満　　資料なし
（データブック オブ・ザ・ワールド 2022，ほか）

情報通信網の整備によるくらしの変化

● 携帯電話やパソコンなどの端末によるインターネットを通じた情報のやり取りが容易になった。

→ Web会議や離れた人とのビデオチャットも可能となった。

● インターネットを利用して商品の購入やチケットの予約など

を行う 03 〔　　　　　　　　　　　　　　　　〕が飛躍的に増加してい

る。

└ コンピュータネットワークやインターネットを利用して
決済や契約を行う商取引

→ 電子商取引は，電子マネーやポイントカードの普及を背景

に，企業が消費者の年齢，性別，購入履歴などの膨大な情

報（04　　　　　　　　　　　）を入手できる利点がある。

企業はビッグデータを分析することで，新規事業の
立案や新商品の開発，販売戦略に役立てている。

電子マネーでの決済

(PIXTA)

┌ データ入力などの事務処理や電話対応を行う
│ コールセンターなどをふくむ企業の部門

● アメリカなどの企業のバックオフィスが，英語が話せる安価な人材をもつインドやフィリピンに立地

するようになった。

→ 通信回線を通じたサービス貿易が拡大。

● 都市部の病院と山間部や離島の診療所がインターネットを利用して検査・診断記録やレントゲンなど

の画像を共有する遠隔医療も進む。

● テレワーク（リモートワークや在宅ワーク）など，時間や場所にしばられない柔軟な働き方が普及した。

└ コワーキングスペースやサテライトオフィスなど本社から離れた場所で働くこと

└ 「テレ」は「離れたところ」という意味

情報化社会の問題

● 先進国と発展途上国間や同じ国内の都市部と農村部，富

裕層と貧困層など情報通信技術を利用できる人と利用で

きない人などの間に 05

が生じている。

改善策として，ICTに強い人材の育成やデジタル機器を
使ったコミュニケーションの促進などが挙げられる。

● 06　　　　　　　　　　　　の急増。

→ SNS（ソーシャル・ネットワーキング・サービス）を

利用した詐欺や不正アクセスによるID・パスワード

の流出など。

サイバー犯罪検挙件数の推移

（件）

年	件数
2017	9,014
2018	9,040
2019	9,519
2020	9,875
2021(年)	12,275

（警察庁資料）

No.

Date

地理総合
GEOGRAPHY

THE LOOSE-LEAF STUDY GUIDE
FOR HIGH SCHOOL STUDENTS

THEME 国境をこえる人の移動

国境をこえる人の移動とその影響

● 交通網や情報通信網の発達に伴い，国境を
こえて移動する出稼ぎ労働者や観光客，難
民（→ P.101）などが増加した。

└─→ 先進国，新興国，産油国などへ
　　就労機会を求めて移住する労働者

ヨーロッパ諸国の1人あたり国民総所得と主な人々の移動

1人あたり国民総所得（GNI）
（主に2019年）
30,000ドル以上
5,000〜30,000ドル
5,000ドル未満
資料なし

主な人々の移動（主に2018年）
→ 10万人以上
→ 5〜10万人

0　　　　1000km

（世界国勢図会2021/22，データブック オブ・ザ・ワールド2022）

→異なる国や地域の価値観や文化の独自性を尊重し，共存する多文化主義（→ P.102）の考えに基づ
　　く 01 ＿＿＿＿＿＿＿＿ の実現が各国で求められている。

世界の国境をこえる観光客数の動向

● 2001 年のアメリカ同時多発テロ，2008 年の 02 ＿＿＿＿＿＿＿＿ などの国際情
勢の影響を受け一時的に減少した。

● 2010 年代以降に急増し，2010 年代には 10 億人をこえた。

〈国境をこえる観光客数が急増した主な要因〉

・中国などの新興国の生活水準の向上。

・格安航空会社（LCC）の登場。

・観光 03 ＿＿＿＿＿＿＿ の要件の緩和　など。

● 2020 年に新型コロナウイルス感染症が世界中で大流行し，世界的に観光客数が大幅に減少した。

→欧米諸国をはじめとする多くの国で外出や行動を制限する措置（ロックダウン）がとられた。

● 観光産業は大打撃を受けたが，国境をこえる観光客数は長期的には増加傾向にある。

世界の観光収入と観光支出

● 観光収入はアメリカのほか，ヨーロッパ諸国などで多くなっている。

● 観光支出も，アメリカのほか，労働時間が比較的短く夏に長期休暇をとるバカンスの習慣があるフラ
ンスやイタリアなどのヨーロッパ諸国で多い傾向にある。

日本における国際観光の動向

● 1964 年：海外旅行が自由化された。

→ 生活水準の向上とともに，外国への旅行者数が増加した。

● 1980 年代半ば〜 1990 年代末：

円高を背景に日本人海外旅行者数が急増した。

● 2008 年：観光産業の発展を目指して

04 _____ が新設された。

→ 05 _____ を推進。

└ 外国から観光客が訪れてくる旅行

● 2015 年：経済成長が著しいアジア諸国を中心とする，

訪日外国人旅行者数が日本人海外旅行者数を上回った。

〈訪日外国人旅行者数が増加した主な要因〉

・訪日観光ビザ（査証）の要件の緩和

・格安航空会社（LCC）の運行本数の増大　など

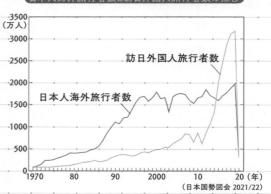

2018年には
3000万人をこえた。

日本人海外旅行者数と訪日外国人旅行者数の推移

訪日外国人旅行者数

日本人海外旅行者数

（日本国勢図会 2021/22）

さまざまな観光形態

古くからさかんな観光形態

● 06 _____ などの文化財や自然をめぐる観光。

└ 世界遺産条約に基づき，「顕著な普遍的価値」をもつ建造物や遺跡，景観，自然のことで
文化遺産，自然遺産，複合遺産がある。

● 避暑地や避寒地を訪れる観光　など

日本を訪れた外国人観光客

（アフロ）

新しい観光形態

● 07 _____ ：都市の住民が農村や山村で豊かな自然に親しむことを目的とする観光形態。その地域の生活や文化，人々との交流，農林漁業体験などを楽しむ。

都市居住者が農村体験をする
グリーンツーリズム（ポルトガル）

（アフロ）

● 08 _____ ：持続可能な環境保全について考えながら，自然環境や歴史，文化などを学び体験する観光形態。

国立公園や自然保護区を指定して環境保護に取り組む一方で，エコ
ツーリズムを展開し，環境保全と観光振興の両立を目指す国もある。

No.

Date

地理総合
GEOGRAPHY

THE LOOSE-LEAF STUDY GUIDE
FOR HIGH SCHOOL STUDENTS

THEME **大地形とプレート**

地形の形成

地球上の地形…内的営力と外的営力により形成される。

● 01 ＿＿＿＿＿：地球内部からのはたらき。

（例）地殻変動，火山活動，地震など

➡地形を変化させ，大陸や大山脈，大平原などの 02 ＿＿＿＿＿ をつくる。

● 03 ＿＿＿＿＿：太陽エネルギーを源にした地表面の外側からのはたらき。

（例）侵食，運搬，堆積，風化など

➡これらの作用によって，河川や海岸周辺でみられる 04 ＿＿＿＿＿ をつくる。

> 河川がつくる地形（➡ P.45），海岸にみられる地形（➡ P.47），
> 氷河地形・乾燥地形・カルスト地形（➡ P.49）参照

プレートのはたらき

● プレート：地球の表面を覆っ
ている十数枚の硬い岩盤。大
陸プレートと海洋プレートに
大別される。

● 地殻変動や地震・火山活動の
発生，それによるさまざまな
地形形成の要因をプレートの
運動によって説明する考え方
を 05 ＿＿＿＿＿
という。

世界の主なプレートの分布

[Diercke Weltatlas 2015, ほか]

ユーラシアプレート／北アメリカプレート／エーゲ海・アナトリア・イランプレート／北アメリカプレート／カリブプレート／フィリピン海プレート／カリブプレート／アラビアプレート／ココスプレート／太平洋プレート／ココスプレート／ナスカプレート／南アメリカプレート／アフリカプレート／インド・オーストラリアプレート／ナスカプレート／南極プレート／南アメリカプレート／スコシアプレート／スコシアプレート

—— 広がる境界　……… 狭まる境界　—— ずれる境界　…… 未確定の境界　➡ プレートの移動方向（アフリカプレートを不動としたとき）

プレートの境界の分類

種　類	境界の生じる場所	模式図
狭まる境界（衝突帯，衝突型境界）	大陸プレートどうしがぶつかり合うところ。アルプス山脈・ヒマラヤ山脈などの大規模な山脈を形成する。	
狭まる境界（沈み込み帯，沈み込み型境界）	海洋プレートが大陸プレートの下に沈み込むところ。マリアナ海溝や日本海溝などの 06 ＿＿＿＿＿ を形成する。	

種　類	境界の生じる場所	模式図
広がる境界	プレートどうしが離れていくところ。引っ張り合う力がはたらく。海底山脈である 07 ＿＿＿ を形成する。	
ずれる境界（すれ違う境界）	プレートどうしがすれ違うところ。水平方向にずれ動くような力がはたらく。断層を形成する。	

大地形の地域

内的営力のはたらきを強く受ける地域を 08 ＿＿＿ と呼び，内的営力のはたらきをほとんど受けなかった地域を 09 ＿＿＿ と呼ぶ。

●変動帯：内的営力が加わる，プレート境界を中心とした地域。地殻変動が非常に活発。

　　　変動帯のうち，狭まる境界は 10 ＿＿＿ ともいわれ，新期造山帯と古期造山帯に大別。

・造山帯
┬ 新期造山帯：中生代以降の造山運動により形成された造山帯。
　┌地質時代の区分で，2億5200万年前から6600万年前にあたる時期
　➡地震や火山活動が起こりやすい。

> アルプス＝ヒマラヤ造山帯と環太平洋造山帯。

└ 古期造山帯：古生代に造山運動があり，その後は安定している造山帯。
　┌地質時代の区分で，5億4100万年前から2億5200万年前にあたる時期
　➡長期にわたる侵食作用により，比較的低くなだらかな山脈がみられる。

●安定陸塊： 11 ＿＿＿ などが広がり，楯状地（盾状地）と卓状地に区分される。

・12 ＿＿＿ ：地質学上最も古い先カンブリア時代の地層が露出し，楯をふせたような形の平坦な陸地。

・13 ＿＿＿ ：先カンブリア時代の地層の上に，それ以降の地層がほぼ水平に堆積した，台地状の地形。卓状地が緩やかに傾斜し，重なった硬軟のある地層が不均一に侵食されて形成された地形を 14 ＿＿＿ と呼ぶ。

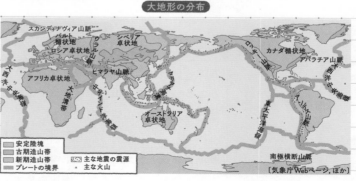

大地形の分布

凡例：
- 安定陸塊
- 古期造山帯
- 新期造山帯
- プレートの境界
- 主な地震の震源
- 主な火山

〔気象庁Webページ，ほか〕

No.

地理総合
GEOGRAPHY

Date

THE LOOSE-LEAF STUDY GUIDE
FOR HIGH SCHOOL STUDENTS

THEME 河川がつくる地形

河川の上〜中流域でみられる地形

河川の3つの作用（侵食，運搬，堆積）によりさまざまな
地形が形成される。

V字谷（徳島県祖谷渓）

(PIXTA)

● 01 _____：上流の山地でみられる，河川の侵食によ
り深く削られた地形。

● 02 _____：山間の盆地などでみられる，河川の侵
食によって広がった谷底に，土砂が堆積してできた平野。
その河川の流路に沿った両側には，03 _____ とい
う階段状の地形が形成されることがある。

階段状の河岸段丘（群馬県）

(PIXTA)

● 04 _____：河川によって運搬されてきた土砂が山地
から平地に出たところで流れが遅くなり，その結果谷の
出口に砂礫が扇状に堆積してできた地形。
上流部より扇頂，扇央，扇端と区分される。

➡ 扇央は砂礫層のため水はけがよく，河川が地下に浸透
して 05 _____ になりやすい。

扇状地（山梨県）

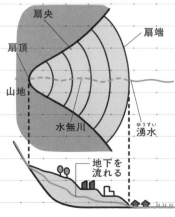
(アフロ)

扇状地の模式図

扇央
扇端
扇頂
山地
水無川
湧水
地下を
流れる

扇央は主に畑や果樹園として利用され，
扇端は水田として利用されるほか，
集落が形成されている。

THEME **河川がつくる地形**

河川の中〜下流域でみられる地形

沖積平野：山地から河口にかけて運搬された土砂が堆積して形成された平野。

　　　　　　上流から下流にかけて，谷底平野，扇状地，氾濫原，三角州（デルタ）などが形成される。

● 06 ＿＿＿＿＿＿：洪水など河川の氾濫によって，土砂が中・下流域に堆積して形成される低地。自然
　　　　堤防，後背湿地，三日月湖などで構成される。

　　　　　07 ＿＿＿＿＿＿：氾濫原を流れる河川が蛇行し，洪水時に土砂が
　　　　　　　　河川の両側に帯状に堆積した微高地。　　　　　集落や畑に利用
　　　　　　　　　　　　　　　　　　　　　　　　　　　　　されてきた。

　　　　　08 ＿＿＿＿＿＿：自然堤防の背後に広がる，水はけの悪い土地。
　　　　　　　　沼や湿地となっている。　　　　　　　　　　水田に利用
　　　　　　　　　　　　　　　　　　　　　　　　　　　　　されてきた。

　　　　　三日月湖：洪水時に流路が変わり，古い河道が取り残されて一部が湖となったもの。

河川がつくる地形の模式図

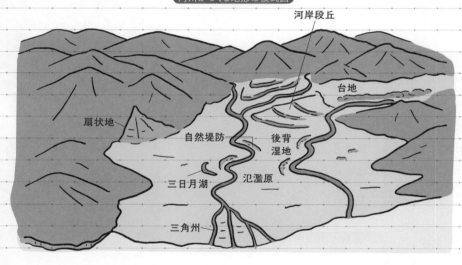

河岸段丘　台地　扇状地　自然堤防　後背湿地　三日月湖　氾濫原　三角州

河口付近でみられる地形

● 09 ＿＿＿＿＿＿：河川の運搬力が衰えて砂や泥が
　河口付近に堆積して形成された低地。

　→河川が分流しやすいため水路が発達し，水運に利用され
　　てきた。

三角州（広島県）

(PIXTA)

低地で水はけが悪いため，高潮や洪水の被害を受けやすい。

No.

地理総合
GEOGRAPHY

Date

THE LOOSE-LEAF STUDY GUIDE
FOR HIGH SCHOOL STUDENTS

THEME 海岸にみられる地形

リアス海岸とフィヨルド

リアス海岸とフィヨルド➡地殻変動による土地の沈降または海面の上昇でできた海岸。

● 01 ＿＿＿＿＿：急峻な山地を流れる河川がつくったV字谷（➡ P.45）に海水が浸入してできた海
岸。岬と入り江が交互に入り組んだ鋸歯状の海岸線となる。

〈主な海岸〉02 ＿＿＿＿ 海岸南部（岩手県・宮城県），

志摩半島（三重県），若狭湾（福井県）

〈利用〉入り江の奥の湾は波が穏やかで水深が深い。

➡天然の良港が多く，カキや真珠の養殖がさかん。

〈自然災害〉津波の被害が拡大しやすい。

多くの島々が浮かぶ
多島海もみられる。

リアス海岸（三重県英虞湾）
(PIXTA)

● 03 ＿＿＿＿＿：氷河による侵食でできたU字谷（➡ P.49）に海水が浸入してできた湾。

〈主な海岸〉ノルウェー西岸，チリ南西岸など

〈利用〉湾奥は波が穏やかで水深も深い。

➡漁港，水産都市が発達している。

海岸段丘と海岸平野

リアス海岸・フィヨルドとのでき方の違いに着目しよう。

海岸段丘と海岸平野➡いずれも地殻変動による土地の隆起や海面の低下で，それまで海底だった部分が
陸になったもの。

● 04 ＿＿＿＿＿：山地や台地が海に面している地域にみられる海岸。

● 05 ＿＿＿＿＿：海底でつくられた平坦な面が土地の隆起によって海面上に現れた階段状の地形。
段丘面は畑などの耕地として利用されてきた。

● 06 ＿＿＿＿＿：沿岸部の浅く平坦な海底が，隆起または
海面の低下によって地表に現れた平野。
日本の海岸平野は砂浜海岸になっている
ことが多い。

● 07 ＿＿＿＿＿：沿岸部の引き潮時に現れる遠浅の海岸。

➡古くから塩田に利用され，干拓によって農
地へ転換されてきた。

砂浜海岸の九十九里浜（千葉県）

(PIXTA)

● 砂嘴：湾口や岬の先端などに堆積した砂礫が，沿岸流によって鳥のくちばし状に内湾側に曲がって堆積したもの。

（例）野付半島（北海道）

● 08 ＿＿＿＿＿：砂礫が沿岸流で運ばれ，湾に面した海岸や岬の先端などから細長く突き出るように堆積し，離水した地形。（例）天橋立（京都府）

　➡砂州でふさがれた湾や入り江をラグーン（潟湖）という。（例）サロマ湖（北海道）

● 陸繋砂州（トンボロ）：海岸と沖合の島をつなぐ砂州。海岸と陸続きになったその島は陸繋島という。

代表的な陸繋島に，神奈川県の観光地として知られる江の島がある。

砂州（京都府天橋立）

(PIXTA)

海岸の地形の模式図

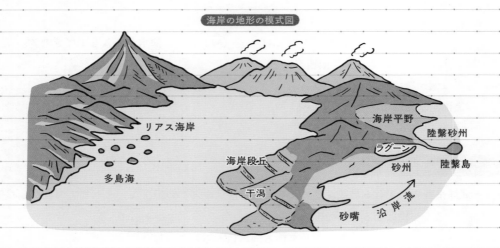

リアス海岸

多島海

海岸段丘

干潟

海岸平野

陸繋砂州

ラグーン

砂州

陸繋島

砂嘴

沿岸流

サンゴ礁の利用と環境問題

● 09 ＿＿＿＿＿：熱帯や亜熱帯の海水温が高く，透明度が高い海域に生息する造礁生物の死骸が堆積してできた岩礁。

〈利用〉

● 美しい景観をいかして観光地やリゾート地となっているところが多い。

〈環境問題〉

● 近年，地球温暖化による水温上昇によってサンゴが死滅する白化現象が深刻化。

● 海面上昇によるサンゴ礁の島々の水没が懸念。

サンゴ礁の発達した島（モルディブ）

(PIXTA)

No.

Date

地理総合
GEOGRAPHY

THE LOOSE-LEAF STUDY GUIDE
FOR HIGH SCHOOL STUDENTS

THEME 氷河地形・乾燥地形・カルスト地形

氷河地形の形成

雪の多い高山や高緯度地域では，積雪が氷となって氷河が形成される。

氷河 ┬ **01** ＿＿＿＿＿＿＿＿＿＿：広範囲に地表を覆う氷河。

　　 └ 山岳氷河：山岳地帯にできる氷河。

> U字谷に海水が侵入すると，入り組んだ入り江のフィヨルド（→ P.47）が形成される。

山岳氷河にみられる主な地形

● **02** ＿＿＿＿＿＿＿＿：氷河の侵食によって深くえぐられた谷。

● カール（圏谷）：山頂部にみられる，すり鉢状にえぐられたくぼ地。

● ホーン（ホルン，尖峰）：氷河の作用で形成された山頂付近にみられるとがった峰。

● **03** ＿＿＿＿＿＿＿＿：氷河の末端や側方などに砂礫が堤防状に堆積してできた丘。

● 氷河湖：氷河の侵食によってできたくぼ地に水がたまった湖。

　　（例）五大湖（アメリカ・カナダ）

山岳氷河の氷河地形の模式図（間氷期）

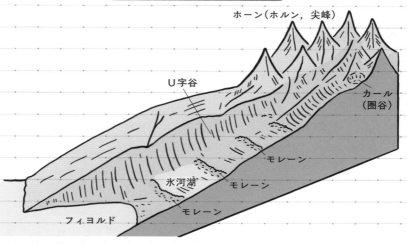

乾燥地形の形成

乾燥地域では砂漠が形成される。乾燥地域に広がる卓状地（→ P.44）では，地表を覆う植生がないため，風による侵食（風化）が活発に起こる。

> メサやビュートは乾燥地域であるアメリカのモニュメントヴァレーなどでみられる。

乾燥地域の卓状地でみられる主な地形

● **04** ＿＿＿＿＿＿＿＿：地層の硬い部分が侵食されずに局地的に取り残された，テーブル状の地形。

● **05** ＿＿＿＿＿＿＿＿：タワー状の地形。メサの侵食が進むと形成される。

● ケスタ（→ P.44）：硬い地層と軟らかい地層が交互に堆積した地層が緩やかに傾斜しているところで，侵食されて硬い地層が残り丘陵となった地形。

THEME 氷河地形・乾燥地形・カルスト地形

●砂漠 ── 06 ＿＿＿＿＿：岩石が地表面に広がる砂漠。砂漠の中で最も広く分布。

↓風化が進行

── 礫砂漠：岩石が風化によって岩くずとなったものが広がる砂漠。

↓風化が進行

── 07 ＿＿＿＿＿：岩くずが風化によって砂となり，砂丘が広がる砂漠。

●08 ＿＿＿＿＿：普段は水が流れず，

雨が降ったときのみ水が流れる

かれ川。

●オアシス：湧き水などの水が得

られる場所。植生がみられ，集

落や農地が形成される。

乾燥地形の模式図

メサ

ビュート

ワジ

岩石砂漠

オアシス

礫砂漠

砂砂漠

カルスト地形の形成

石灰岩が分布する地域には，09 ＿＿＿＿＿と呼ばれる独特の地形が形成される。

└─古い時代のサンゴ礁などから生成される岩石。二酸化炭素を含む雨水と反応し溶けやすい。

日本では秋吉台
（山口県）が有名。

カルスト地形でみられる主な地形

●10 ＿＿＿＿＿：雨水などで溶かされて形成されたすり鉢状の凹地。

↓溶食（岩が少しずつ溶けること）が進行

●11 ＿＿＿＿＿：隣り合う複数のドリーネが溶食によってつながった，いびつな凹地の地形。

↓溶食が進行

●12 ＿＿＿＿＿：大規模なくぼみとなった地形。

➡地下で雨水が石灰岩を溶かすことにより，鍾乳洞が形成される。

●タワーカルスト：石灰岩が溶食され

塔状に残った地形。

タワーカルスト（中国のコイリン〔桂林〕）

(PIXTA)

カルスト地形の模式図

ドリーネ

ウバーレ

タワー
カルスト

鍾乳洞

ポリエ

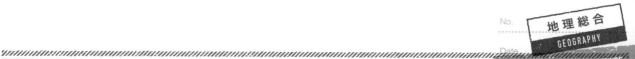

No.

Date

地理総合
GEOGRAPHY

THE LOOSE-LEAF STUDY GUIDE
FOR HIGH SCHOOL STUDENTS

THEME 気候と降水

気候の差の要因

● 気候：長期における大気の平均的な状態。気温・降水・風などの 01 ＿＿＿＿＿ で構成される。

● 気候の差を生み出す要因 ➡ 02 ＿＿＿＿＿ の影響。
└ 緯度，海からの距離，海抜高度，海流（暖流・寒流）など

緯度の違いによる気温の変化

地球は低緯度地域ほど太陽から受け取るエネルギーが大きい。

➡ 赤道付近などの低緯度地域の気温は高く，高緯度地域ほど気温は低くなる。

受け取る太陽エネルギーと気温

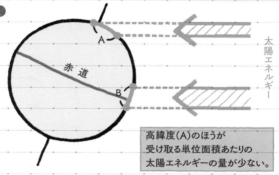

高緯度(A)のほうが
受け取る単位面積あたりの
太陽エネルギーの量が少ない。

陸地と水（海洋）の比熱の違いによる気温の変化

● 陸地：温まりやすく冷めやすい性質をもち，夏は気温が高く冬は冷え込みが厳しくなる。

➡ 大陸の内陸部は気温の日較差，年較差が大きい 03 ＿＿＿＿＿ となる。

| 1日における最高気温と最低気温の差。 | 1年における最暖月平均気温と最寒月平均気温の差。 |

● 水（海洋）：温まりにくく冷めにくい性質をもつ。

➡ 海沿いの地域は気温の日較差，年較差が比較的小さい 04 ＿＿＿＿＿ となる。

北緯50度付近に位置するロンドン（イギリス）とウランバートル（モンゴル）の月別平均気温

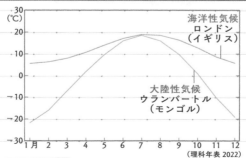

海抜高度の違いによる気温の変化

気温は標高が高くなるにつれて低くなる性質をもつ。

標高が100m高くなると，
気温が約0.65℃低くなる。

降水のしくみ

●降水：雨，雪，ひょうなどが空から落ちてくる気象現象。

       海沿いや 05 _____ が起こりやすい地域で生じやすい。

       ➡空気中に含まれる水蒸気が冷やされて雲ができ，降水が生じる。

上昇気流が起きるパターン

太陽エネルギーによって大気が短時間で
温められて，上昇気流が起こる。

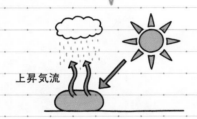

上昇気流

発達した低気圧の中心に向かって風が流れこみ，
大気が収束することで上昇気流が起こる。

風 ← 低気圧 →

風が山の斜面にぶつかったところで
上昇気流が起こる。

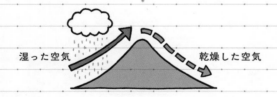

湿った空気　　　　乾燥した空気

寒気と暖気が接する前線で，暖気の上昇気流が起こる。
温暖前線は暖気が寒気に乗りあげるように上昇し，
寒冷前線は寒気が暖気の下にもぐりこんで押し上げる。

温暖前線　　寒冷前線

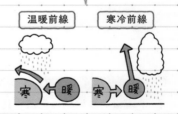

寒 ← 暖　　寒 → 暖

降水量が多い地域と少ない地域

降水量が多い地域	降水量が少ない地域
・06 _____ 付近などの上昇気流が発生しやすい場所	・回帰線の通る緯度 20 〜 30 度付近の下降気流が発生しやすい場所
・上昇気流が発生する山脈の風上側	・下降気流が発生する山脈の風下側
・暖流が沿岸を流れる地域	・寒流が沿岸を流れる地域
・空気中の水蒸気が多い海沿い	

●上昇気流が発生すると，空気の密度が低下し低気圧となる。低気圧が緯度に沿って帯状に連なる地域

  を 07 _____ という。

No.

地理総合
GEOGRAPHY

THE LOOSE-LEAF STUDY GUIDE
FOR HIGH SCHOOL STUDENTS

Date

THEME 大気大循環と恒常風・季節風

地球全体の気温のバランスは，大気大循環（大気の大循環）という風の流れと，低緯度から高緯度へ熱が運ばれることによって一定に保たれている。

┌→低気圧が緯度沿いに帯状に連なる地域

● 01 _____ ：地表面では高圧帯から低圧帯への大規模な風の流れ。

高気圧が緯度沿いに帯状に連なる地域←

> 風は気圧が高いところから低いところへ向かって吹く。

高圧帯と低圧帯

地球は，赤道から極付近にかけて低圧帯と高圧帯が交互に形成されている。

● 02 _____ ：赤道付近は上昇気流が発生しているため，低圧帯となっている。降水量が多い。

● 03 _____ ：緯度 20 ～ 30 度あたりの高圧帯。降水量が少なく，乾燥している。

> 北回帰線・南回帰線付近

● 04 _____ ：緯度 60 度あたりの低圧帯。

●極高圧帯：高緯度付近にある高圧帯。

大気大循環の模式図

```
                      極高圧帯 ←
     降水量が
     多い          極偏東風          60°
                  亜寒帯低圧帯
     乾燥           偏西風
                  亜熱帯高圧帯         30°
                   貿易風
     降水量が
     多い           熱帯収束帯          0°
                   貿易風
     乾燥          亜熱帯高圧帯         30°
                   偏西風
     降水量が
     多い          亜寒帯低圧帯
                  極偏東風           60°
                      極高圧帯
```

> 高圧帯や低圧帯の位置は季節によって南北に移動するため，その影響を受けて 05 _____ と 06 _____ が生じる地域もある。

THEME **大気大循環と恒常風・季節風**

高圧帯から低圧帯へ吹く大規模な風

07 ：亜熱帯高圧帯から熱帯収束帯に向けて吹く東寄りの風。
北半球では北東風，南半球では南東風になる。

08 ：緯度約 30 〜 60 度の中高緯度地域において，亜熱帯高圧帯から亜寒帯低圧帯に向けて吹く西寄りの風。北半球では南西風，南半球では北西風になる。

→ 貿易風や偏西風のように，一年中ほぼ決まった方向に吹く大規模な風を **09** という。

季節風

夏と冬には，海洋と大陸の間で大規模な風の流れの変化が生じる。

夏

大陸は海洋よりも温まりやすいことから上昇気流が生まれ，低気圧が発生する。
→海洋から大陸に向かって湿った風が吹く。

特に，東アジアや東南アジア，南アジアの地域に大量の雨を降らせる。

太陽エネルギー 強
夏 温まる
低気圧 高気圧
上昇気流
暖かく湿った風
低 ≈ 高

冬

太陽エネルギー 弱
冬 あまり温まらない
高気圧 低気圧
下降気流
冷たく乾いた風
高 ≈ 低

大陸の内陸部では寒さが厳しくなることから下降気流が生まれ，高気圧が発生する。
→大陸から海洋に向かって乾燥した風が吹く。

冬の季節風
東アジアで北西の風，南アジアで北東の風となる。乾燥した風が吹くため，地域によっては乾季になる。

→ このように，大陸と海洋の温度の違いなどにより生じる，季節によって風向きが変わる風を **10** という。

季節風が発達しやすいモンスーンアジア

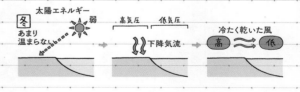

冷涼で乾燥した冬
暑い湿潤な夏

乾季
雨季
弱い乾季
！雨季

夏の季節風
東アジアで南東の風，南アジアで南西の風となる。海上で水分を含んで湿った風になるため，大雨をもたらす。

地理総合
GEOGRAPHY
THE LOOSE-LEAF STUDY GUIDE
FOR HIGH SCHOOL STUDENTS

No.

Date

THEME 世界の気候区分

気候区分の基準

ある場所に生育している植物の集団

植物の生育には気温と降水が不可欠であり，01　　　　は気候の影響を受ける。

➡ ドイツの気候学者 02　　　　　　は，気温や降水量が植生の分布にあたえる影響に着目して，世界の
気候を区分した。

熱帯の植生（マレーシア）　　　　　　乾燥帯の植生（モロッコ, サハラ砂漠）

（PIXTA）　　　（PIXTA）

熱帯の多様な植生と比べて，乾燥帯にはほとんど植生がみられない。

ケッペンの気候区分

ケッペンは自然条件により樹林のある気候と，樹林のない気候に大別した。
さらに，気温・降水量の違いや季節の変化により，気候を細分化した。

ケッペンはアルファベットを用いて気候区を表現した。

樹林のある気候

● 03　　　　　　（A）：年間を通して気温が高い赤道付近に分布する気候。降水量の月別変化
により3つに区分される。

● 04　　　　　　（C）：中緯度地域に分布する四季の変化に富んだ気候。季節による降水量や
気温の違いにより4つに区分される。

● 05　　　　　　（D）：高緯度に分布する冷涼な気候。降水量の月別変化により2つに区分さ
れる。

樹林のない気候

● 06　　　　　　（E）：気温が低いため樹木が生育しない。最暖月の平均気温の違いにより2つに区分
される。

● 07　　　　　　（B）：降水量が少ないため背の高い樹木が生育しにくい気候。乾燥の度合いにより2
つに区分される。

THEME 世界の気候区分

ケッペンの気候区分の指標

樹林のある気候	最寒月の平均気温が18℃以上	A 熱帯	年間を通して降雨がある		Af : 熱帯雨林気候
					Am : 熱帯モンスーン気候 (弱い乾季のある熱帯雨林気候)
			明瞭な雨季と乾季		Aw : サバナ気候
	最寒月の平均気温が 18℃未満−3℃以上	C 温帯	降水量に季節差がある	夏雨	Cw : 温暖冬季少雨気候 (温帯冬季少雨気候，温帯夏雨気候)
				冬雨	Cs : 地中海性気候
			年間を通して降雨がある	温暖	Cfa : 温暖湿潤気候
				冷涼	Cfb : 西岸海洋性気候
	最寒月の平均気温が−3℃未満 最暖月の平均気温が10℃以上	D 亜寒帯 (冷帯)	年間を通して降水がある		Df : 亜寒帯湿潤気候
			冬の降水が少ない		Dw : 亜寒帯冬季少雨気候 (亜寒帯夏雨気候)
樹林のない気候	最暖月の平均気温が10℃未満	E 寒帯	最暖月の平均気温0℃	以上	ET : ツンドラ気候
				未満	EF : 氷雪気候
	年間降水量が 乾燥限界未満	B 乾燥帯	降水量が乾燥限界の1/2	以上	BS : ステップ気候
				未満	BW : 砂漠気候

ケッペンの気候区分図

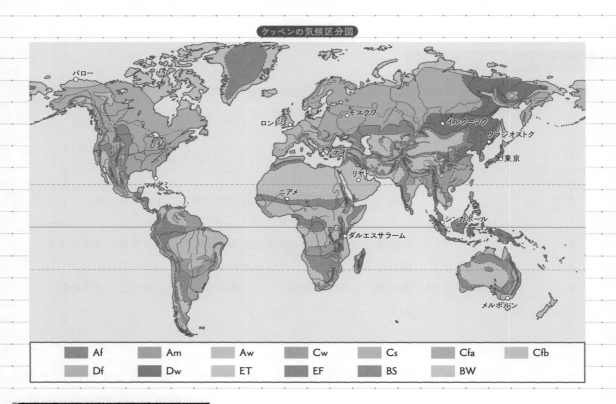

| | Af | | Am | | Aw | | Cw | | Cs | | Cfa | | Cfb |
| | Df | | Dw | | ET | | EF | | BS | | BW | | |

植生と気候の関係

植生は気候だけでなく，地形や 08 □□□□□ などの自然環境，緯度，農耕や林業などとも深く関係しており，人々はそれらに適応した生活を営んでいる。

No.

地理総合
GEOGRAPHY

Date

THE LOOSE-LEAF STUDY GUIDE
FOR HIGH SCHOOL STUDENTS

THEME 雨温図・ハイサーグラフの見方

気温と降水量を表したグラフ

気候要素（→ P.51）のうち，気温と降水量を用いて表すグラフとして，

01 _____ と 02 _____ がある。

└ 月別平均気温を折れ線グラフで，月別降水量を棒グラフで表したグラフ

雨温図の読み取り

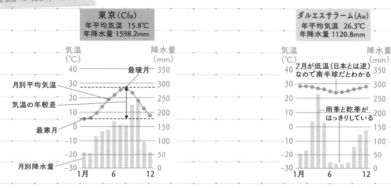

＜雨温図の読み取りポイント①＞

・折れ線の凹凸が大きい（東京）
→ 気温の年較差が 03 _____

・折れ線の凹凸が小さい（ダルエスサラーム）
→ 気温の年較差が 04 _____

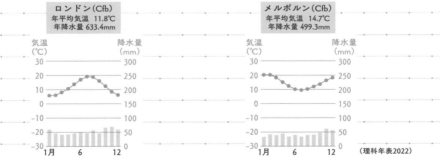

（理科年表2022）

＜雨温図の読み取りポイント②＞

・気温の折れ線が山型（ロンドン）
→ 05 _____ に位置する都市

・気温の折れ線が谷型（メルボルン）
→ 06 _____ に位置する都市

THEME 雨温図・ハイサーグラフの見方

● ハイサーグラフ：気温を縦軸に，降水量を横軸にとり，1月〜12月までの月別の統計を月順に線で結んだグラフ。グラフの縦軸は <u>07 _____</u> の大小を表し，グラフの横軸は <u>08 _____</u> の大小を表している。

基本的な軸の意味

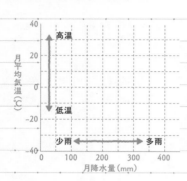

> 気候の特色を視覚的にとらえられるので，気候型を判断するのに適している。

東京 (Cfa)

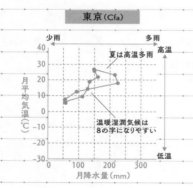

夏は高温多雨

温暖湿潤気候は
8の字になりやすい

シンガポール (Af)

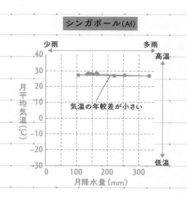

気温の年較差が小さい

リヤド (BW)

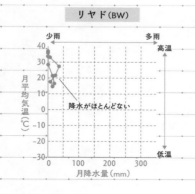

降水がほとんどない

イルクーツク (Dw)

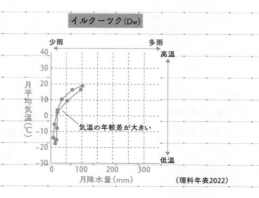

気温の年較差が大きい

（理科年表2022）

No.

Date

地理総合
GEOGRAPHY

THE LOOSE-LEAF STUDY GUIDE
FOR HIGH SCHOOL STUDENTS

THEME 熱帯の自然と人々のくらし

熱帯の主な特徴と気候区分

●赤道付近の低緯度地域に分布。一年中気温が高く年較差が小さい。

●伝統的な住居は高床式になっている。➡大雨の被害を防ぎ，風通しをよくして室内に湿気がこもらないようにするため。

●赤色の土壌である 01 _____ が分布
　➡熱帯地域は降水量が多いことから，土壌の養分が流れ出やすく，やせ地となっている。

●米，いも類（キャッサバ，タロいも，ヤムいも）が主食。

●ケッペンの気候区分では，さらに 02 _____（Af），03 _____（Am），
04 _____（Aw）に区分される。

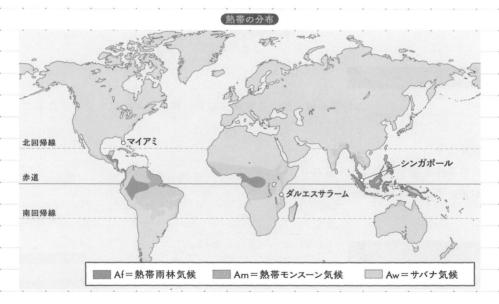

熱帯の分布

■ Af＝熱帯雨林気候　　■ Am＝熱帯モンスーン気候　　■ Aw＝サバナ気候

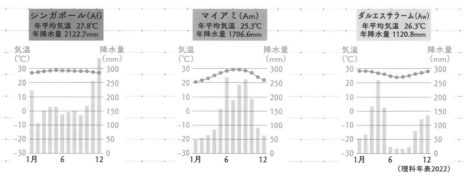

シンガポール（Af）
年平均気温 27.8℃
年降水量 2122.7mm

マイアミ（Am）
年平均気温 25.3℃
年降水量 1706.6mm

ダルエスサラーム（Aw）
年平均気温 26.3℃
年降水量 1120.8mm

（理科年表2022）

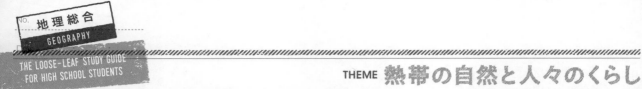
熱帯雨林気候（Af）

●赤道付近に分布。一年を通じて気温が高く降水量が多く，
気温の年較差が極めて小さい。

●年間降水量が 2000 mm を超す地域も多い。

●午後になると，05 _____ という強風を伴う激しい雨が降る。

> 東南アジアやアフリカではジャングル，
> アマゾン川流域ではセルバと呼ぶ。

アマゾン川と熱帯雨林（ブラジル）
(PIXTA)

●06 _____ が分布 ➡ アマゾン盆地では，伝統的に 07 _____ が行われてきた。
┗ 生物多様性に富む常緑広葉樹の密林   ┗ 森林を焼き払ってできた灰を
                                                     肥料として作物を栽培する農業

➡近年，地域開発に伴う熱帯雨林の伐採が進行し，貴重な生態系への影響や森林破壊が問題化。

●欧米諸国の植民地時代に大規模な 08 _____ が開かれ，油やし，天然ゴムなどを栽培。
┗ 欧米諸国の植民地政策によって開かれた大規模農園。商品作物を単一栽培する。

熱帯モンスーン気候（Am）

●09 _____ の影響を強く受ける東南アジア〜南アジア，アマゾン川流域などに分布。
┗ 大陸と海洋の比熱の差により，季節によって風向きが変わる風

●短い乾季がある。

●森林には乾季に落葉する樹林もみられる。

●東南アジアを中心に稲作地帯がみられる。

サバナ気候（Aw）

> 熱帯モンスーン気候より乾季が長い。

サバナ（ケニア）
(PIXTA)

●雨季と乾季が明瞭。ベネズエラ，ブラジル高原，インドなどに分布。

●草丈の長い草原に樹林が点在する 10 _____ がみられる。

●夏…熱帯収束帯（赤道低圧帯）（➡ P.53）の影響により，
降水量が多い 11 _____ になる。

冬…亜熱帯高圧帯（中緯度高圧帯）（➡ P.53）の影響により，
降水量が少ない 12 _____ になる。

●ブラジル高原南部には，玄武岩を母岩とした土壌であるテラローシャが分布。

➡コーヒー栽培に適した肥沃な土壌。

●インドのデカン高原には，肥沃な土壌であるレグールが分布。

➡綿花の栽培に適することから，黒色綿花土と呼ばれる。

No.

地理総合
GEOGRAPHY

Date

THE LOOSE-LEAF STUDY GUIDE
FOR HIGH SCHOOL STUDENTS

THEME 乾燥帯の自然と人々のくらし

乾燥帯の主な特徴と気候区分

→湿潤地域に水源をもつ乾燥地域を流れる河川。ナイル川，ティグリス川，ユーフラテス川など

- 01＿＿＿＿＿，オアシス，地下水などから水を入手し，その周辺で農耕が行われ，都市が形成される。

- 02＿＿＿＿や草原がみられる。

- 中緯度地域，内陸部などでは，降水量が極端に少ないため，植物が育たない。

- 日中の気温が 50 ℃近くまで上昇し，夜間は 0 ℃近くまで気温が低下。

  → 気温の日較差が極めて大きい。 →イランではカナート，アフリカではフォガラと呼ばれる。

- 水源から離れた地域では，地下水路で水を引き蒸発を避ける工夫もされてきた。現在では，海水を淡水化して利用する試みも広がっている。

- ケッペンの気候区分では，さらに 03＿＿＿＿＿（BW），04＿＿＿＿＿（BS）に区分される。

乾燥帯の分布

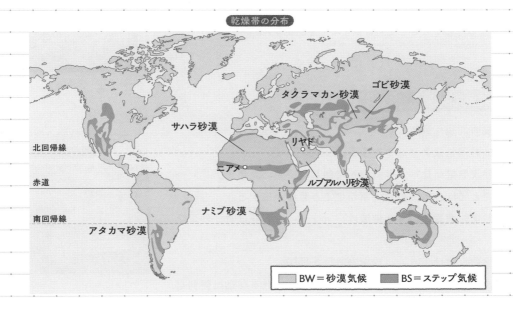

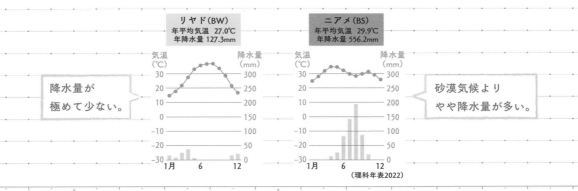

THEME 乾燥帯の自然と人々のくらし

砂漠気候（BW）

サハラ砂漠，ナミブ砂漠など

- ●北アフリカ，西アジア，中央アジア，オーストラリア内陸部などに分布。
- ●年間降水量が極めて少ない→ほとんど植生がみられず，岩石や砂の砂漠が広がる。
- ●土壌は有機物をほとんど含まない灰色の砂漠土。
- ●湧水(ゆうすい)などから淡水が得られる 05 _____ がみられ，乾燥に強い
  なつめやしや小麦などを栽培。
- ●まれにまとまった雨が降ると，06 _____ （かれ川）（→ P.50）にも
  水流がみられる。
- ●伝統的に，ラクダや羊などの家畜を飼育しながら移動して生活する
  07 _____ や灌漑(かんがい)農業が営まれてきた。
- ●樹木が育たず，木材の入手が困難なため，08 _____ を主
  な材料としてつくられた住居が多い。
  土をこねて
  つくる。

砂ぼこりや強い日ざしを避けるため，窓が小さい。

なつめやし（エジプト）

(PIXTA)

日干しれんがでつくられた家屋
（モロッコ）

(PIXTA)

ステップ気候（BS）

- ●砂漠気候の周辺に分布。
- ●降水量は砂漠気候よりもやや多い。
- ●土壌は砂漠気候に比べ，有機物が増加し暗褐色(あんかっしょく)の栗色土(くりいろど)。
- ●ステップと呼ばれる丈の短い草が生える草原が広がる。
- ●サハラ砂漠の南縁に沿った地域は 09 _____ と呼ばれ，砂漠化
  が進行。
  →人口増加などによる過耕作・過放牧が要因。
- ●モンゴルでは 10 _____ が行われ，ゲルと呼ばれる移動に便利な
  テント式の住居で生活する。
- ●降水量が多い地域に近いウクライナ〜ロシア南西部では，
  チェルノーゼムと呼ばれる肥沃(ひよく)な黒色土が分布。
- ●北アメリカのグレートプレーンズやプレーリーでは，
  センターピボットと呼ばれる灌漑システムで，小麦やとうもろこ
  しを大規模に栽培。これらを飼料としたフィードロットと呼ばれ
  る牛の大規模肥育場がある。
  →地下水をくみ上げてスプリンクラーで散水する装置

ゲル（モンゴル）

(アフロ)

センターピボット（アメリカ）

(PIXTA)

No.

Date

地理総合
GEOGRAPHY

THE LOOSE-LEAF STUDY GUIDE
FOR HIGH SCHOOL STUDENTS

THEME 温帯の自然と人々のくらし

温帯の主な特徴と気候区分

● 温和で四季の変化が明瞭。

● ケッペンの気候区分では，さらに地中海性気候（Cs），01＿＿＿＿＿＿＿（Cfb），

　02＿＿＿＿＿＿＿（Cfa），03＿＿＿＿＿＿＿（Cw）に区分される。

温帯の分布

Cs＝地中海性気候　　Cfb＝西岸海洋性気候
Cfa＝温暖湿潤気候　　Cw＝温暖冬季少雨気候

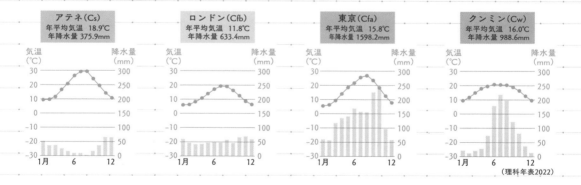

アテネ（Cs）
年平均気温 18.9℃
年降水量 375.9mm

ロンドン（Cfb）
年平均気温 11.8℃
年降水量 633.4mm

東京（Cfa）
年平均気温 15.8℃
年降水量 1598.2mm

クンミン（Cw）
年平均気温 16.0℃
年降水量 988.6mm

（理科年表2022）

地中海性気候（Cs）

● 中緯度の大陸西岸（地中海沿岸，アメリカ西海岸，チリ中部，オーストラリア南部など）に分布。

● 夏…亜熱帯高圧帯の影響により，降水量が少なく，暑くて乾燥する。

　冬…亜寒帯低圧帯の影響により，比較的降水がある。

● 乾燥する夏にオリーブ，ぶどう，コルクがし，オレンジなどの柑橘類を，湿潤な冬に小麦を栽培する

　04＿＿＿＿＿＿＿　が行われる。

●イタリアなどでは石灰を用いてつくられた白壁の建物がみられる。

→夏の強い日ざしを反射し室温の上昇を防ぐため。

アルベロベッロ（イタリア）
（PIXTA）

西岸海洋性気候（Cfb）

●北海沿岸など大陸西岸の高緯度地域，ニュージーランドなどに

分布。

●一年を通じて平均的に降水がみられ湿潤。

●温帯の中では気温の年較差が小さい。ヨーロッパでは高緯度のわりに温暖➡北大西洋海流と

05 ＿＿＿＿＿の影響。

●穀物の栽培と家畜の飼育を組み合わせた混合農業や，乳牛やヤギを飼育して乳製品を生産する酪農が

さかん。

温暖湿潤気候（Cfa）

●中緯度の大陸東岸（東アジア，アメリカ東部，オーストラリア東部，アルゼンチンなど）に分布。

●夏に高温多湿，冬に寒冷低湿な 06 ＿＿＿＿＿＿＿＿＿＿の影響を強く受ける。

→気温の年較差が大きい。

●一年を通じて降水があり，特に夏に多い。

●夏から秋にかけて台風やハリケーンなどの 07 ＿＿＿＿＿＿の発達により，大雨や強風の被害を受け
　　　　　　　　　　　　　　　　　　└→熱帯地域の海洋上で発生する低気圧

ることもある。

●豊富な降水量と適度な気温をいかして，東アジアでは特に稲作が発達。

●アメリカ東部〜ミシシッピ川流域の中央平原では，小麦やとうもろこし，大豆などを栽培。

●アルゼンチンの湿潤パンパでは，小麦などの穀物栽培と牛・豚の飼育を組み合わせた混合農業がさか
　　　　　　　└→ラプラタ川流域の大草原

ん。

温暖冬季少雨気候（Cw）

●サバナ気候と温暖湿潤気候の境界，大陸東岸の一部，低緯度で標高 1000 m 以上の地域などに分布。

●夏…熱帯収束帯や海から吹く季節風（モンスーン），熱帯低気圧の影響により，降水量が多い。

　冬…大陸から吹く乾燥した季節風の影響により，降水量が極めて少なく乾燥する。

●アジアでは，夏の高温多雨をいかして稲作が発達。

→特に，中国の華南や東南アジアでは，米の 08 ＿＿＿＿＿＿がさかん。

●中国やインドのヒマラヤ山麓では，茶の栽培がさかん。

茶の栽培（中国）
（アフロ）

No.

地理総合
GEOGRAPHY

Date

THE LOOSE-LEAF STUDY GUIDE
FOR HIGH SCHOOL STUDENTS

THEME 亜寒帯・寒帯の自然と人々のくらし

寒冷な地域の気候

● 寒冷な地域の気候帯は，亜寒帯（冷帯）と 01 ＿＿＿＿＿ に分けられる。

● ケッペンの気候区分では，さらに亜寒帯（冷帯）は 02 ＿＿＿＿＿＿＿＿＿（Df）と

03 ＿＿＿＿＿＿＿＿＿（Dw），寒帯は 04 ＿＿＿＿＿＿（ET）と 05 ＿＿＿＿＿＿（EF）に区分

される。

亜寒帯と寒帯の分布

バロー

モスクワ

ウラジオストク

北回帰線

赤道

南回帰線

※南極大陸はEF

☐ Df＝亜寒帯湿潤気候 　☐ ET＝ツンドラ気候
☐ Dw＝亜寒帯冬季少雨気候 　☐ EF＝氷雪気候

亜寒帯（Df，Dw）は南半球にはみられず北半球のみに分布する。

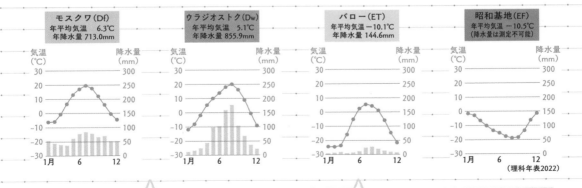

モスクワ（Df）
年平均気温　6.3℃
年降水量 713.0mm

ウラジオストク（Dw）
年平均気温　5.1℃
年降水量 855.9mm

バロー（ET）
年平均気温 −10.1℃
年降水量 144.6mm

昭和基地（EF）
年平均気温 −10.5℃
（降水量は測定不可能）

（理科年表2022）

Dw は Df と比べて気温の年較差がより大きく，冬は降水量が少ない。

ET は短い夏以外のほとんどは 0℃を下回る。

THEME 亜寒帯・寒帯の自然と人々のくらし

亜寒帯（冷帯）

タイガ（アラスカ）
（PIXTA）

● 北半球のみに分布し，高緯度地域には一年中凍結したままの
  __06__ がみられる。

● 冬に排熱によって永久凍土が融解するのを防ぐため，高床の建物がみられる。

● 気温の年較差が大きい。

亜寒帯湿潤気候（Df）

● アメリカ北部〜カナダ，ユーラシア大陸北中部〜スカンディナビア半島にかけて分布。

● 一年を通じて降水がある。

● 針葉樹と落葉樹の混合林や，モミやマツなどの針葉樹林の __07__ が広がる。

● 長い冬は寒冷で短い夏は気温が上がるため，気温の年較差が大きい。

亜寒帯冬季少雨気候（亜寒帯夏雨気候）（Dw）

● ユーラシア大陸北東部に分布。ロシアのオイミャコンは北半球で最も低温な地点として知られる。

● 冬に降水が少なく，夏を中心に降水がある。

● 冬は気温が極めて低いが夏に上昇するため，気温の年較差が大きい。

● カラマツなどの落葉針葉樹が生育し，林業が発達。

寒帯

● 北極圏内にある北極海周辺やグリーンランド，南極大陸，標高 4000 m 以上の高山地域などに分布。

● 一年中寒さが厳しく降水量が極めて少ないため，樹木は生育しない。

夏のツンドラの光景（アメリカ, アラスカ州）
（アフロ）

ツンドラ気候（ET）

● 一年のほとんどが 0℃ 未満であるため，雪や氷に覆われる。

● __08__ では，短い夏に雪や氷がとけ，短草やコケ類がまばらに生育する。

● 農耕はできないため，北アメリカ北部の先住民であるイヌイットやエスキモーは伝統的にアザラシなどの狩猟を行ってきた。

氷雪気候（EF）

● 南極大陸，グリーンランドに分布。

● 一年を通じて気温は 0℃ 未満で，降水や降雪は少ない。

→ 雪がとけずに堆積して __09__ （氷床）が形成される。

イグルー（カナダ）
（アフロ）

イヌイットやエスキモーが冬の狩りのときに使う氷や雪のかたまりでつくったドーム型の住居。

高山気候（H）

ケッペンの区分ではない。

● アンデス山脈など標高が高い地域に分布。

● 気温は標高が高くなるほど __10__ → 赤道付近の熱帯地域も標高が高ければ温和な気候となる。

● アンデス山脈では気温の日較差が大きい。

→ 着脱が容易な民族衣装や，紫外線防止のための帽子を着用。

No.
Date

地理総合
GEOGRAPHY

THE LOOSE-LEAF STUDY GUIDE
FOR HIGH SCHOOL STUDENTS

THEME 農業の発展と人々のくらし

農業の発展

● 栽培される農作物は，その地域の気温や降水量，地形，土壌などの自然条件によって大きく異なる。各作物には，農作物の栽培が可能な範囲の限界である 01 ＿＿＿＿＿＿＿ がある。

● 世界各地では，食文化の違いや栽培方法，国家の食料政策などの影響を受けて，さまざまな農業が営まれてきた。

● これまで農作物の栽培が困難だった地域でも，農業技術の向上や，灌漑，客土，品種改良などによって，さまざまな農作物の栽培や家畜の飼育がなされるようになり，農業の範囲は広がってきた。

    02 ＿＿＿＿＿：農作物の栽培に必要な水を河川や湖，ため池，地下水などから耕地に引くこと。

    03 ＿＿＿＿＿：農作物の生産力を向上させるために，他の地域から農作物の栽培に適した土壌を持ち込むこと。

    04 ＿＿＿＿＿：自然条件に合わせて農作物や家畜の新しい種類を作り出すこと。

● 農業は，自給的農業 ➡ 商業的農業 ➡ 企業的農業へと発展してきた。

    05 ＿＿＿＿＿：家族や小さな社会での消費のために行われる農業。

    06 ＿＿＿＿＿：産業革命以降，ヨーロッパを中心に販売を目的として発達した農業。

    07 ＿＿＿＿＿：商業的農業の中でも，企業が資本や技術を投入し，機械化を進めて商品価値の高い農作物や家畜を大規模に生産・販売する形態。

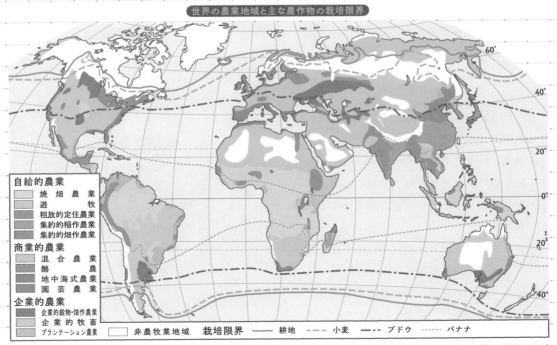

世界の農業地域と主な農作物の栽培限界

自給的農業
焼畑農業
遊　　牧
粗放的定住農業
集約的稲作農業
集約的畑作農業

商業的農業
混合農業
酪農
地中海式農業
園芸農業

企業的農業
企業的穀物・畑作農業
企業的牧畜
プランテーション農業

非農牧業地域　栽培限界 ―― 耕地 ――― 小麦 ―・― ブドウ ―‥― バナナ

（D. Whittlesey ほか）

THEME **農業の発展と人々のくらし**

農業の地域的特色

アジアやアフリカ，熱帯，乾燥帯など

● アジアやアフリカでは主に自給的農業が発達。熱帯地域では焼畑農業などが，乾燥帯地域では遊牧，

温帯から亜寒帯にかけての地域では稲作や畑作が盛んである。

ヨーロッパ

● 商業的農業が主流。

- 08 _____ ：穀物や飼料作物の栽培
と家畜の飼育を組み合
わせた農業。

- 地中海式農業：夏に乾燥に強いオリーブ
やブドウなどの果樹を栽
培し，降水のある冬に小
麦を栽培する農業。

- 園芸農業：都市近郊で野菜や果実，花卉
などを集約的に栽培する農業。

- 酪農：乳牛やヤギを飼育して乳製品を生
産する畜産業。

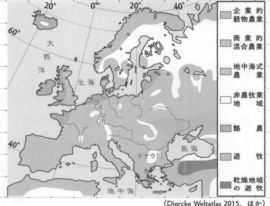

ヨーロッパの農業地域

企業的
穀物農業

商業的
混合農業

地中海式
農業

非農牧業
地域

酪　農

遊　牧

乾燥地域
の遊牧

（Diercke Weltatlas 2015，ほか）

● ヨーロッパ連合（EU）は，農業も統一市場となり，域内の農産物の流通が活発に行われている。

しかし，加盟国間で農家の経営規模が異なり，生産コストに大きな差が生じている。

➡ EU は 09 _____ を採用。

└ 域内の主要な農産物に統一価格を設定し，域外の安価な農産物には関税をかけて流入を抑制する政策

南北アメリカ，オーストラリアなど

● 企業的農業が発達している。

- 農薬，化学肥料，10 _____ 作
物を取り入れて穀物を大規模に栽培。

- フィードロットという肥育場で肉牛を大規
模に飼育。

- ブラジルなど熱帯・亜熱帯地域では，プラ
ンテーション農業（➡ P.83）が行われている。

➡ 単一の商品作物を大規模に生産するため，

モノカルチャー経済になりやすい。

アメリカの農業地域

年降水量
500mm
以上

非農業地

年降水量
500mm
以上

五大湖

シカゴ
コーンベルト
グレートプレーンズ

ニューヨーク

40°

サンフランシスコ

小麦

とうもろこし・
大豆

酪農

綿花

地中海式農業

フィードロット

放牧

その他の農業

0 500km

100°

（Goode's World Atlas 2015，ほか）

特定の農産物や鉱産資源の輸出に依存した経済のこと。

No.

Date

地理総合
GEOGRAPHY

THE LOOSE-LEAF STUDY GUIDE
FOR HIGH SCHOOL STUDENTS

THEME 工業の発展と人々のくらし

工業の発展

> 製品の生産で生み出された新しい価値のこと。

● 工業：農産物や鉱産資源などの原材料を加工して付加価値を加えた製品をつくる産業。

● 18世紀後半の産業革命以降…手工業から機械を使った工業に移り，01 ＿＿＿＿＿ が発達した。
> 食品，衣類，雑貨など日常生活に必要なものを
> つくる工業

● 20世紀…鉄鋼，石油化学製品，自動車などを生産する 02 ＿＿＿＿＿ が発達。

→大量生産方式が工場に導入されると，生産時間が大幅に短縮。→製品の低価格化

● 近年，先端技術産業が発達し，国際分業も進展。

→ 03 ＿＿＿＿＿ に関連した工業製品の生産が盛んになった。
> デジタル化された情報の伝達や通信の技術

日本の工業発展とライフスタイルの変化

● 1950年代〜：電気洗濯機，電気冷蔵庫，白黒テレビが普及。

→家事の時間が減少し娯楽の時間が増加し，人々の生活スタイルが変化。

● 高度経済成長期：人々の生活水準が向上し，クーラー，カラーテレビ，自家用車をもつ一般家庭が増加。

工業生産の地域差

地域	工業生産の特徴	付加価値の特徴
先進国 （西ヨーロッパ，日本，北アメリカなど）	・工業生産が多く，重化学工業の割合が高い。 ・先端技術産業も発達している。	付加価値は高い。
発展途上国 （アジア，アフリカなど）	・工業生産が少なく，軽工業の割合が高い。	付加価値は低い。

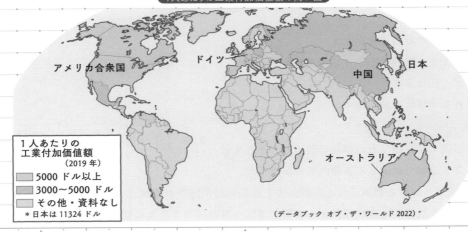

1人あたりの工業付加価値額の高い国

アメリカ合衆国　ドイツ　中国　日本　オーストラリア

1人あたりの工業付加価値額（2019年）
5000ドル以上
3000〜5000ドル
その他・資料なし
＊日本は11324ドル

（データブック オブ・ザ・ワールド 2022）

東アジアの経済成長

韓国，台湾などの経済成長

1970年代に韓国，台湾，ホンコン（香港）などが外国の資本や技術を取り入れ，良質な労働力と比較的安価な人件費によって輸出指向型の工業を発展➡アジア NIEs（新興工業経済地域）となる。

中国の工業発展

●04 _____ のしくみを導入。
┌ 国が立てた生産計画に基づき，経済全般を国が統制する経済のしくみ

・企業を国有化あるいは集団化，流通を統制。

・農村では，農業や工業を集団で営み，行政や教育などの機能をもった 05 _____ を設立。

➡多くの雇用を生んだが，農民の労働意欲は低下し生産も停滞した。

●市場経済のしくみを導入し，市場競争力の強化による経済成長を図った。（1970年代末〜）

・06 _____ を実施。

農村では，人民公社を解体して農家が自由に経営できる生産責任制を導入。

➡農民の労働意欲と生産性が高まった。

さらに，07 _____ を設立。
┌ 中国の町や村単位である郷や鎮で農村や個人により設立された中小企業

➡農業以外の収入が増大した。

南東部の沿海地域に 08 _____ を設置した。
外国企業が積極的に誘致され，税金面で優遇されるなどした。

●多くの工業製品を生産・輸出➡「09 _____ 」へ。（1990年代〜）

●「世界の市場」と呼ばれるほど，存在感が高まる。（2000年〜）

ヨーロッパの工業発展とEU統合による影響・課題

ヨーロッパの工業発展

●18世紀後半　イギリスで産業革命が始まる。

➡19世紀にはヨーロッパ諸国に広まる。

ルール工業地域が重工業の中心地として発達。

●第二次世界大戦後，10 _____ が

西ヨーロッパの経済成長を支えた。

●現在，イギリス南部からライン川流域を経て

イタリア北部に至る 11 _____

と呼ばれる地域に工業が集中。

EU統合による影響・課題

●域内の各国で航空機などの部品を製造し，それを最

終組み立て工場で組み立てる域内協力が進んだ。

●EU加盟国間における西欧諸国と東欧諸国との間の経済格差が課題。

●賃金の安い東欧諸国に西欧諸国から工場が移転➡西欧諸国で産業の空洞化が課題。

ヨーロッパ中心部の工業

（Diercke Weltatlas 2015, ほか）

No.

地理総合
GEOGRAPHY

Date

THE LOOSE-LEAF STUDY GUIDE
FOR HIGH SCHOOL STUDENTS

THEME 商業の変化と人々のくらし

立地場所と商圏

ある商店や商業施設が集客できる地理的な範囲

● 立地によって各店舗の規模や品ぞろえに特色があり，それぞれ異なる 01 _____ をもっている。

> （例）コンビニエンスストアや小型の書店では，話題の本や最新の週刊誌などを置き，
> 比較的小さな商圏をもっている。一方，大型の書店では，小型の書店にあるよ
> うな本や雑誌のほか，専門書などを置き，広い商圏をもっている。

商業の立地

● 商業：消費者に商品を直接販売する小売業と，生産者から商品を仕入れて小売業者にそれを販売する
卸売業がある。

→ 商業の立地は，ある店舗がどのような商品をどの商圏の消費者をターゲットとして販売しようとし
ているかによって決まる。

小売業の種類

● 大型の百貨店，専門店など

〈立地〉…電車やバスなどの交通の便がよく，多くの人が集
まりやすい大都市の中心部など。

〈特色〉…専門品や買回り品を販売。幅広い年齢層からの集
客が見込め，広い商圏をもつ。

大型百貨店（東京都,日本橋）
（アフロ）

● 大企業などの大型店舗，専門の小売店がいくつも集まった
ショッピングセンターなど

〈立地〉…地価が比較的安い大都市の郊外，高速道路の出入
り口付近，幹線道路沿いなど。

〈特色〉…多種多様な商品や娯楽を含むサービスを幅広く提
供。広大な駐車場を完備し，広い商圏をもつ。

郊外にある大型の
ショッピングセンター（千葉県）
（アフロ）

● 商店街

〈立地〉…大都市圏の中小規模の都市や地方都市の駅前など。

自動車が広く普及し，社会や日常生活において自動車への依存度が高まること

〈問題〉… 02 _____ への対応のほか，商品の仕入れや品ぞろえに限度が
あり，各店舗の店主の高齢化も進行し，衰退している。

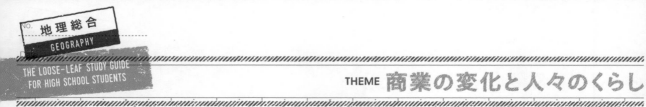

THEME **商業の変化と人々のくらし**

● 03 □□□□□□□□□□□□□□ や小型のスーパーマーケット

〈立地〉…市街地内が多い。

〈特色〉…主に日常生活に必要な最寄り品を販売。商圏がせまく店舗数が多い。

〈問題〉…住民の居住地に近い店舗が閉鎖されると，移動手段のない一部の高齢者などが日常的な買

い物が困難になる 04 □□□□□□□□ 問題も指摘されている。

> 「食の砂漠化」とも呼ばれる。

	商品の種類	例
専門品	消費者が価格以外の要素に魅力を感じ，購入する商品。	高級車，高級時計，ブランドバッグなど
買回り品	購入の頻度が低く，消費者が質やデザインなどを比較検討したうえで購入する商品。	電気製品，家具，衣類，楽器など
最寄り品	購入の頻度が高く，あまり比較検討せずに日常の生活圏内で購入される商品。	ティッシュや洗剤などの日用品，食料品など

インターネットの普及による商業の変化

● **インターネット上の販売サイト**

〈立地〉…通信販売・インターネットショッピングの事業所や倉庫・配送センターは，大都市よりも

地価が抑えられ，交通の便がよいところにある。

〈特色〉…実店舗に比べて 05 □□□□□□□ が極めて広い。

情報通信技術（ICT）の発達や物流の発達により，

商品の情報や商品を入手する手段は迅速化・多様

化。

➡幅広い商品を販売することができる。

〈影響〉…通信販売・インターネットショッピングと競合す

る従来型の実店舗や，主に地方の中小都市の商店

街にあるような小規模専門店の役割や地位が低下。

（例）書店の数の減少など。

➡駐車場の拡張や再開発などで対策。

書店の店舗数の変化

(店)
- 2000年：21,654
- 2005年：17,839
- 2010年：15,314
- 2015年：13,488
- 2020年：11,024

（日本国勢図会 2022/23）

地理総合
GEOGRAPHY

No.

Date

THE LOOSE-LEAF STUDY GUIDE
FOR HIGH SCHOOL STUDENTS

THEME 情報産業の発展と人々のくらし

情報産業の発展による生活の変化

> スマートフォンやタブレット PC など。

● 1990 年代以降，インターネットや携帯端末が普及し，情報通信技術（ICT）が急速に発達。

→ 個人での情報の収集・発信が容易になり，居場所に関係なく気軽に情報の伝達ができるようになったことで利便性が向上し，日常生活に変化がみられる。

● 世界中に大量の情報があふれ，情報の拡散されるスピードも高速に。

→ 個人情報の流出やデマの拡散，ホームページの改ざんやコンピュータウイルスの送信，個人への誹謗中傷，不正アクセス行為などのコンピュータ技術や通信技術を悪用した犯罪である 01 _____ といった新たな問題が発生している。

→ コンピュータやネットワークの中に広がる国境をこえた仮想的空間であるサイバー空間の 02 _____ 化が進行。

新型コロナウイルス感染症に関連するサイバー犯罪であると疑われる事案の報告件数

- その他 42件（4.7％）
- マスク・消毒液転売 80件（9.0％）
- 業務妨害等 81件（9.1％）
- 個人情報等不正取得 103件（11.6％）
- 不審メール・不審サイト 135件（15.2％）
- 詐欺 446件（50.3％）

887件（2020年）

（警察庁資料）

情報産業の発展と情報化による社会の変化

● 情報通信技術の発達を背景に，03 _____ が発展。

┗ 情報技術をもとにしたハードウェア製造，ソフトウェア開発，情報通信に関する産業の総称

● アメリカ西海岸のサンフランシスコ郊外にある 04 _____ や中国のシェンチェン（深圳）などの経済特区で情報産業が発達。

シリコンヴァレーにある企業の本社

（The New York Times/Redux/ アフロ）

> シリコンヴァレーはインターネットやソフトウェアなどの情報通信技術関連の企業や大学の研究機関などが集まる地区。

● 05 _____ ：農業や工業，金融，医療など幅広い分野において情報通信技術が活用され，業務の効率化や新しいサービスの創出，業務・サービスの改善などが進むこと。

THEME **情報産業の発展と人々のくらし**

●家庭電化製品など，あらゆるものがインターネットにつながる <u>06</u> 化（モノのインターネット化）
が進む。

→膨大な経済活動における情報をビッグデータ（複雑で膨大な量のデータ）（➡ P40）として集める
ことが可能になりつつある。

┌─ 推論，判断，学習などの人間の知能の一部を，コンピュータ上で実現したもの

● <u>07</u> の開発と急速な進歩。

→医療や農業，天気予報，防災など，さまざまな分野で導入され，業務の効率化や労働力不足の解消
などが期待される。

（例）コンビニエンスストアなどの無人店舗，医療診断の補助，車の自動運転　など。

IoT家電（スマートフォンから
操作できるロボット掃除機）
(PIXTA)

AI活用の無人決済システムを導入した
駅構内のコーヒーショップ（東京都）
(アフロ)

情報化が与える働き方や立地への影響

働き方への影響

● <u>08</u> の増加…都市中心部にあるオフィスに通勤せず，自宅や
その付近のサテライトオフィスや,シェアオフィ
スなどで働く。
└─ 企業の本社から少し離れた場所に設置
される比較的小規模なオフィス。

〈期待されるメリット〉
●従業員の通勤時間の短縮
●空いた時間の有効活用
●通勤手当などの会社のコスト削減　など。

立地への影響

●大都市以外にオフィスを設ける情報系の企業が増加。

No.
地理総合
GEOGRAPHY
Date
THE LOOSE-LEAF STUDY GUIDE
FOR HIGH SCHOOL STUDENTS

THEME 産業のグローバル化と人々のくらし

産業のグローバル化

●世界各国に生産や販売の拠点をもつ 01 　　　　　　は，より多くの利潤を得るために
グローバルな分業体制をとっている。

> 主にアメリカや日本，西ヨーロッパなどの
> 先進国に本社が置かれている。

衣料品メーカーの多国籍企業の分業体制の例

〈委託先（発展途上国）〉
雇用が生まれ，
生活水準が向上。

← 縫製作業を委託

〈国内（先進国）〉
新商品の開発，
デザインの研究，
販売戦略などに集中。

グローバルな分業体制における発展途上国側の利点

●その産業が一国の基幹産業に成長することもある。
●多くの雇用が生まれ，人々の生活水準が向上。

> （例）バングラデシュの繊維業など。

グローバルな分業体制における発展途上国側の課題

●従業員の待遇や工場の労働環境の改善，安全管理の徹底など。

先進国の産業の転換

● 02 　　　　　　によっ
て，付加価値の低い製品の生産が
先進国から発展途上国へ移った。
先進国では付加価値の高い製品を
生産するよう転換が図られるよう
になった。

> 点Aの国は，
> 第1次産業が60％，
> 第2次産業が30％，
> 第3次産業が10％
> であることを示している。

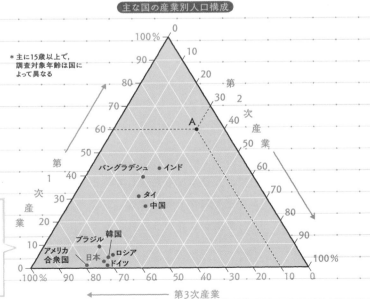

主な国の産業別人口構成

（2019年）（データブック オブ・ザ・ワールド2022）

THEME **産業のグローバル化と人々のくらし**

● 日本やアメリカ，西ヨーロッパ諸国などの先進国の企業では，産業の中心が，**03** ＿＿＿＿＿＿＿＿ へ転換
しつつある。

> 研究によって生み出された新たな知識や高度な
> 技術を商品として販売したり，知識を組み合わ
> せて新分野を開拓する産業

➡ 新たな商品や高度な技術を開発した企業は，その商品や技術の特許権や知的財産権を申請・登録し，
海外から知的財産使用料を得る。これを **04** ＿＿＿＿＿＿ という。

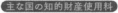

主な国の知的財産使用料

（百万ドル）

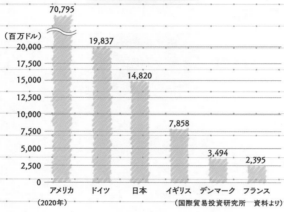

	70,795	19,837	14,820	7,858	3,494	2,395
	アメリカ	ドイツ	日本	イギリス	デンマーク	フランス

（2020年） （国際貿易投資研究所　資料より）

脱工業化社会

● 産業活動の活発化，多様化により製品・
お金・情報・サービスなどの動きも活発化。

➡ 先進国で **05** ＿＿＿＿＿＿＿ への移行
が進み，第3次産業の就業人口の割合
が高くなる。

> 製造業などに従事していた労働者が，
> サービス業や情報通信業などに従事
> するようになるため。

主な国の産業別人口構成

日本
第1次 3.5%
第2次 24.4%
第3次 72.1%

アメリカ
第1次 1.4%
第2次 19.9%
第3次 78.8%

（2019年）（データブック オブ・ザ・ワールド2022）

● 新しい産業の中では，日本でも発達している
アニメやゲームなどを制作・販売する
06 ＿＿＿＿＿＿ 産業が世界から注目されて
いる。

**日本のキャラクターを使った上海の
ショッピングモール内のテーマパーク（中国）**
（アフロ）

No.

Date

地理総合
GEOGRAPHY

THE LOOSE-LEAF STUDY GUIDE
FOR HIGH SCHOOL STUDENTS

THEME 多様な文化と人々のくらし

移民と多様な文化

南北アメリカへの移民や，奴隷（どれい）として連行されてきたアフリカ系の人々は，南北アメリカに自国の文化をもち込み，自国の文化と異なる文化との融合によって新しい文化を生み出すなど，移住先の文化や産業に影響を与えている。

アメリカ合衆国の移民の歴史

● もともと北アメリカ大陸には，01 _____ と呼ばれる先住民が生活。

● 17世紀～：イギリス人をはじめとするヨーロッパの人々が大西洋沿岸に入植。

● 18世紀後半：アメリカ合衆国の建国当初から国の政治や経済，文化は

02 _____ と呼ばれる人々によって支えられてきた。
└─ 白人のプロテスタントのこと

➡ 領土を西部へ拡大していった際に芽生えた開拓者精神（かいたくしゃ）（フロンティアスピリット）はアメリカの国民性を表す言葉の一つとなった。

● ヨーロッパ系のほか，アフリカ系，アジア系，メキシコなどラテンアメリカのスペイン語圏から移住してきた 03 _____ など，多種多様な人種や民族からなる 04 _____ を形成している。
└─ アメリカ南部のメキシコとの国境付近で多くくらしている

アメリカ合衆国の人種・民族分布

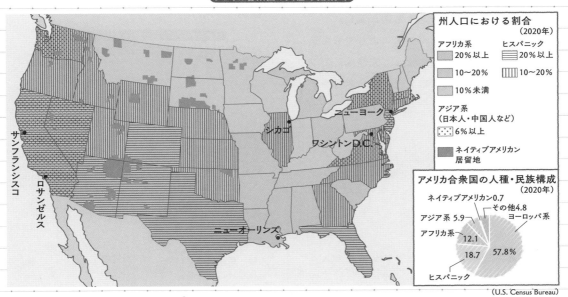

州人口における割合（2020年）

アフリカ系
■ 20％以上
■ 10～20％
□ 10％未満

ヒスパニック
▨ 20％以上
▥ 10～20％

アジア系（日本人・中国人など）
▦ 6％以上

■ ネイティブアメリカン居留地

アメリカ合衆国の人種・民族構成（2020年）

ネイティブアメリカン0.7
その他4.8
ヨーロッパ系 57.8％
アジア系 5.9
アフリカ系 12.1
ヒスパニック 18.7

(U.S. Census Bureau)

> 南部の綿花栽培地域ではアフリカ系の割合が高い。太平洋沿岸はアジア系，南西部はヒスパニックが多い。

THEME 多様な文化と人々のくらし

アメリカ合衆国への移民によるくらしへの影響

● アメリカ合衆国では近年，ヨーロッパ系以外のヒスパニック，アフリカ系，アジア系などの
05 _____ が増加。

→ 農作業や建設業などの低賃金の労働にヒスパニックが従事し，地域の経済を支えている。

→ 情報通信技術（ICT）産業では，06 _____ でアジア系の技術者が活躍。

● アイルランド移民によって伝えられたハロウィンは，アメリカ合衆国の年中行事として定着。

● ファストフード，ジーンズ，ハリウッド映画など，アメリカ合衆国で生み出された文化が世界各国
に浸透していった。

カナダの移民の歴史

● もともとフランス系移民が最初に入植。

→ その後，イギリス系移民との植民地争いの結果，イギリスがカナダを支配下に。

● 現在では，イギリス系移民や，東部のケベック州を中心とした一部の地域に集中するフランス系移
民のほか，アメリカ合衆国，オセアニア，アジアなどからの移民も増えている。

ラテンアメリカの移民の歴史とその影響

● 07 _____ の高度な文明が繁栄していたが，16世紀前半に 08 _____ ，ポルトガルが入植。

→ アステカ王国，インカ帝国が滅亡。

● スペイン人やポルトガル人によってもち込
まれたヨーロッパの文化と，先住民，アフ
リカ，アジアの独自の文化が長い年月をか
けて融合し今日のラテンアメリカの文化が
生まれた。

民族・人種間での09 _____ も進み，先住
民とヨーロッパ系の混血はメスチーソと呼
ばれる。

● 奴隷として連行してきたアフリカ系の人々
を労働力として，さとうきびやコーヒー豆
などの商品作物を栽培する
10 _____ が開かれた。

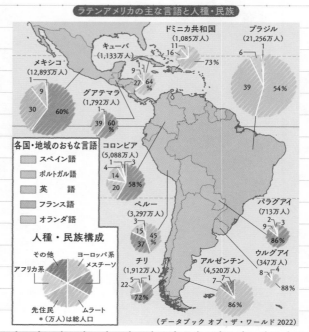

ラテンアメリカの主な言語と人種・民族

ドミニカ共和国（1,085万人）
ブラジル（21,256万人）
キューバ（1,133万人）
メキシコ（12,893万人）
グアテマラ（1,792万人）
コロンビア（5,088万人）
ペルー（3,297万人）
パラグアイ（713万人）
ウルグアイ（347万人）
チリ（1,912万人）
アルゼンチン（4,520万人）

各国・地域のおもな言語
■ スペイン語
■ ポルトガル語
■ 英 語
■ フランス語
■ オランダ語

人種・民族構成
ヨーロッパ系
その他
メスチーソ
アフリカ系
先住民
ムラート
＊（万人）は総人口

（データブック オブ・ザ・ワールド 2022）

THEME 言語と人々のくらし

言語と民族の関係

● 世界各国で話されている多種多様な言語は，宗教や衣食住などの生活習慣とともに，

01 　　　　　　　の構成や人々の日常生活に深く関わっている。

└→ 同じ言語を使い，衣食住などの同じ生活習慣があり，歴史などを共有する共通の帰属意識をもつ人々の集団

● 民族は言語によって区別されることがある。

→ 共通の言語あるいは同じ系統の言語を話すことで，民族としての帰属意識や文化的特徴を共有する
ようになる傾向にあるため。

<文化的特徴と言語の分布の例>
・アラビア語とイスラーム（イスラム教）の分布
・ヨーロッパの言語とキリスト教の宗派の分布　　など。

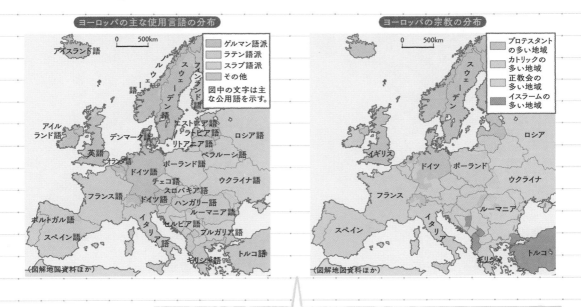

ヨーロッパの主な使用言語の分布

0　　500km

ゲルマン語派
ラテン語派
スラブ語派
その他
図中の文字は主
な公用語を示す。

アイスランド語
ノルウェー語
スウェーデン語
フィンランド語
エストニア語
ラトビア語
リトアニア語
ロシア語
ベラルーシ語
アイルランド語
デンマーク語
ポーランド語
英語
ドイツ語
チェコ語
ウクライナ語
フランス語
スロバキア語
ドイツ語
ハンガリー語
ルーマニア語
ポルトガル語
イタリア語
セルビア語
ブルガリア語
スペイン語
ギリシャ語
トルコ語

(図解地図資料ほか)

ヨーロッパの宗教の分布

0　　500km

プロテスタント
の多い地域
カトリックの
多い地域
正教会の
多い地域
イスラームの
多い地域

スウェーデン
ロシア
イギリス
ドイツ　ポーランド
ウクライナ
フランス
ルーマニア
スペイン
イタリア
ギリシャ
トルコ

(図解地図資料ほか)

2つの図を比べてみると，ゲルマン語派とプロテスタント，ラテン語派と
カトリック，スラブ語派と正教会やカトリックとの関連が深いことがわかる。

国民国家と公用語

● 19世紀以降，近代ヨーロッパでは，国民国家（民族国家）の理念が広がる。

→ 同じ国家に属する国民に同じ言語を使用させるなど，国家の中で文化や言語の均質化が進んだ。

● 現在，世界の国々では，国をまとめるために，02 　　　　　　　や国語が定められている。

└→ その国で公に使用する言語　　　　　　　　　　　　　　　　　　└→ その国の憲法などで定められている国家語

● 植民地となっていた国は かつて植民地を領有・支配していた国 03 _____ の言語を公用語としている場合が多い。

> アフリカ諸国では英語やフランス語など，
> ラテンアメリカ諸国ではスペイン語を
> 公用語としている国が多い。

● 最初に覚えた言葉である母語と違う
公用語の国に住む人も多い。
● 公用語の普及によって 04 _____
の言語や方言が衰退し，世界の約半
数の言語が消滅する危機にある。

〈少数民族がほかの民族の国家に編入されている例〉
スペインでは，スペイン語以外にバスク語やカタルーニャ語を
話す人々もいる。これらの言語を話す人々は，首都マドリード
を中心に話されている言語をスペインの公用語とする政府に反
発し，長きにわたり分離・独立を求めている。

世界の公用語の分布

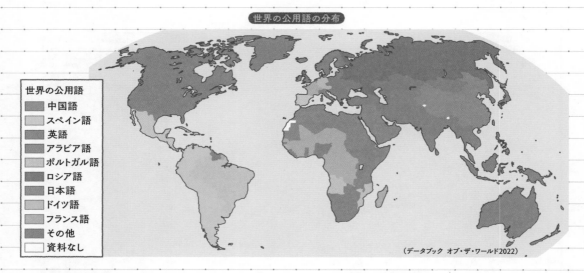

世界の公用語
■ 中国語
■ スペイン語
■ 英語
■ アラビア語
■ ポルトガル語
■ ロシア語
■ 日本語
■ ドイツ語
■ フランス語
■ その他
□ 資料なし

（データブック オブ・ザ・ワールド2022）

● スイスやベルギー，シンガポールのように 05 _____ が複数ある国もある。

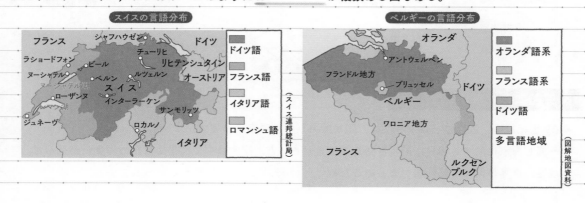

スイスの言語分布
フランス　シャフハウゼン　ドイツ
ラショードフォン　チューリヒ　リヒテンシュタイン
ヌーシャテル　ビール　オーストリア
ヌーシャテル湖　ベルン　ルツェルン
スイス
ローザンヌ　インターラーケン
レマン湖　サンモリッツ
ジュネーヴ　ロカルノ
イタリア

■ ドイツ語
■ フランス語
■ イタリア語
■ ロマンシュ語

（スイス連邦統計局）

ベルギーの言語分布
オランダ
アントウェルペン
フランドル地方　ブリュッセル　ドイツ
ベルギー
ワロニア地方
フランス　ルクセンブルク

■ オランダ語系
■ フランス語系
■ ドイツ語
■ 多言語地域

（図解地図資料）

No.

Date

地理総合
GEOGRAPHY

THE LOOSE-LEAF STUDY GUIDE
FOR HIGH SCHOOL STUDENTS

THEME 宗教と人々のくらし

世界の主な宗教

宗教は，世界宗教と民族宗教に大きく分けられる。

● 01 ＿＿＿＿＿＿：世界の広い地域で信仰されている宗教。

キリスト教，イスラーム（イスラム教），仏教。

● 02 ＿＿＿＿＿＿：特定の地域や民族と結びついている宗教。

インドのヒンドゥー教，イスラエルの 03 ＿＿＿＿＿＿，

精霊信仰（アニミズム）など。
└─ 自然現象に霊魂が宿ると考え，祠（ほこら）をつくる
などしてそれを崇拝する宗教

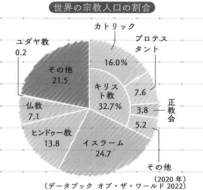

世界の宗教人口の割合

ユダヤ教 0.2
カトリック
プロテスタント 16.0%
その他 21.5
キリスト教 32.7%
正教会 7.6
3.8
仏教 7.1
ヒンドゥー教 13.8
その他 5.2
イスラーム 24.7

（データブック オブ・ザ・ワールド 2022）
（2020年）

世界の宗教分布

キリスト教
仏教
イスラーム（イスラム教）
ヒンドゥー教
その他

(Diercke Weltatlas 2015)

世界宗教

ヨーロッパからの移民の歴史をもつ。

● キリスト教

〈主な分布〉ヨーロッパや南北アメリカ，オセアニアな
ど。

〈主な宗派〉04 ＿＿＿＿＿＿，プロテスタント，正教
会など。

〈主な特色〉・紀元前後，イエスが開いた。

・聖書（新約聖書）を聖典とする。

・日曜日に教会で礼拝をする。

キリスト教のクリスマス礼拝の様子（オーストリア）

（アフロ）

● イスラーム（イスラム教）

〈主な分布〉西アジア，北アフリカ，中央アジア，東南アジアなど。

〈主な特色〉・イスラム教徒は 05 _____ と呼ばれる。

イスラームの礼拝の様子（ナイジェリア）
（AP／アフロ）

・唯一神アッラー（アラー）を信仰する。

・06 _____ を聖典とする。

・1日5回，聖地メッカの方角へ礼拝する。

・07 _____ に関する食べ物を一切口にせず，飲酒をしない。

・宗教的に定められた方法で調理された 08 _____ を食べる。

チャドルをかぶった女性（イラン）
（アフロ）

・イスラーム暦の 09 _____ には，日の出から日没まで飲食をしない。

・女性は外出の際に肌や頭部を見せないようにする。
（例）イランの女性のチャドル。

● 10 _____

〈主な分布〉東南アジアのインドシナ半島，東アジアなど。

〈主な宗派〉・大乗仏教…日本や中国，ベトナムなどに広まった宗派。

・上座仏教…スリランカやミャンマー，タイなどのインドシナ半島に広まった宗派。

〈主な特色〉・紀元前5世紀ごろ，インドでシャカ（釈迦）が開く。

・「経」を聖典とする。

・タイでは男性が一生に一度出家して僧侶となる。

・僧侶が信者の家をめぐり，ほどこしを受ける托鉢を行ったりする。

主な民族宗教

● 11 _____

〈主な分布〉インド，ネパール，バングラデシュなど。

〈主な特色〉・多神教で，ガンジス川で沐浴を行う。

ガンジス川で沐浴をする人々（インド）
（アフロ）

・12 _____ を神聖な動物として崇拝し，食べない。

・不殺生の教えから 13 _____ もいる。

● ユダヤ教

〈主な分布〉イスラエルなど。

〈主な特色〉・唯一神ヤハウェを信仰する。

┌ キリスト教，イスラームの聖地でもある
・聖地はイスラエルの 14 _____ 。

・「嘆きの壁」の前で祈る。

No.

Date

地理総合
GEOGRAPHY

THE LOOSE-LEAF STUDY GUIDE
FOR HIGH SCHOOL STUDENTS

THEME **歴史的背景と人々のくらし**

ラテンアメリカの農業形態と社会構造

● 01 ＿＿＿＿：大規模な農牧場で多くの労働者を雇い，農園主の管理の下で行われる農業形態。スペインやポルトガルがラテンアメリカにもち込んだ。

ラテンアメリカの農業地域

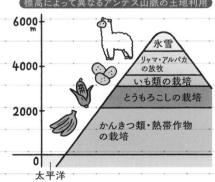

北回帰線
メキシコ
赤道
エクアドル
マナオス
セルバ
ペルー
セラード
ボリビア
カンポ
南回帰線
アントファガスタ
サンパウロ
チリ
パン
パ
ブエノスアイレス
ブラジル
アルゼンチン

粗放的定住農業
焼畑農業
混合農業
企業的穀物農業
企業的牧畜
プランテーション農業
非農業地
その他

さとうきび ● コーヒー豆
バナナ 大豆
カカオ 柑橘類（オレンジなど）

（「新詳資料地理の研究」より）

〈大規模な農業の例〉
・ブラジル…02 ＿＿＿＿＿でのコーヒー豆やさとうきびの大規模生産，大牧場での肉牛の飼育が発達。
・アルゼンチン…パンパでの肉牛の放牧や小麦の生産。

〈大土地所有制の影響〉

農園主を頂点とする階層社会が形成➡一部の裕福な農園主と農業従事者との**貧富の格差**が発生。
└➡農園主は都市に居住し，実際に農業に従事するのは住み込み労働者とその家族

● 03 ＿＿＿＿＿＿（農業関連産業）が発達し，企業的な農業経営へ転換。
└➡農産物の生産・貯蔵・流通・販売のほか，種子や農薬開発などの事業も展開

> 貧富の差は
> 今も大きい。

ラテンアメリカの伝統的な農業

大土地所有制や企業的農業の影響をあまり受けなかった**アンデス山脈の高地**や，**アマゾン川流域のセルバ**などでは，先住民による伝統的な農業が行われている。

標高によって異なるアンデス山脈の土地利用

6000 m
氷雪
リャマ・アルパカの放牧
4000
いも類の栽培
とうもろこしの栽培
2000
かんきつ類・熱帯作物の栽培
0
太平洋

アンデス山脈の高地の農業

● 気温の年較差は小さく，04 ＿＿＿＿に応じた農作物を栽培する農業が行われている。

➡標高が高い地域では，じゃがいもやとうもろこしなどを栽培，**リャマやアルパカを放牧**。

> アルパカの毛は衣服の材料。

アマゾン川流域の熱帯林が広がるセルバ

● キャッサバ・ヤムいもなどのいも類を栽培する，
05 ＿＿＿＿＿＿が行われてきた。
└➡森林や草を焼き払ってできた焼却灰を肥料として，作物を栽培する農法

アンデス高地のアルパカ（ペルー）
(PIXTA)

THEME 歴史的背景と人々のくらし

サハラ以南アフリカの国々の旧宗主国の影響

- 独自の言語をもつ複数の民族がくらす国では，

  06 _____ の言語を公用語にしている国が多い。

  → 民族間の意思疎通を円滑にするため。

- 独立後の各国の国境は，ヨーロッパ諸国の植民地時代に宗

  主国によって引かれた 07 _____ が多い。

  > 1つの国に言語や宗教の異なる民族が混在することに
  > なったことで，民族間の対立が起こりやすく，内戦へ発
  > 展する事例も。

- 独立後も，経済，食習慣や言語などの生活文化において，

  その地域をかつて植民地としていた宗主国の影響がみられ，

  旧宗主国との結びつきは強い。

  > 旧宗主国などへの，農作物や鉱産資源などの特定の一次産品の輸出
  > に依存する 08 _____ 経済の国が多いなど。

1914年のアフリカの植民地と現在の国境

※現在モロッコが領有を主張し
統治しているが，現地民族解
放戦線は独立を宣言している。

国名は2022年時点の
もの
1914年のアフリカ
独立国	ベルギー領
フランス領	スペイン領
イギリス領	ポルトガル領
イタリア領	ドイツ領

(Diercke Weltatlas 2015 ほか)

ロシアの国家体制の変化

- 社会主義体制（ソ連時代）

  09 _____ の下で，人々は労働によって教育費や医療費が無料となり，食料も安く購入できた。
  └ 国家が生産・流通・分配などの経済活動を統制する経済のしくみ

  → 一方で，労働者の給与は個人の能力に関係なく決められていたため，人々の労働意欲は低下し，
  生産性が上がらず，経済が停滞した。

- 1980 年代後半：計画経済から 10 _____ へ転換。
  └ 市場で自由に商品の売り買いが行われ，需要と供給の関係で価格が決まる経済のしくみ

  → 経済と社会が混乱し，食料や日用品などの生活物資の不足に

  多くの国民が苦しんだ。

- 1991 年のソ連解体後：ロシア成立。11 _____ 体制へ転換。

  → 工業生産が激減し，業績の悪い国営企業が解体され，多くの

  失業者が出た。急激な物価上昇で，国民の多くが生活苦に。

  > 国家資産を安く手に入れ，巨額の富を得る人々も現れた。

- 2000 年代以降：原油や天然ガスの国際価格の高騰によるロシア経済の回復や，物資の流通の安定な

  どにより，国民生活は安定した。→ 12 _____ の一国として経済の高成長を遂げる。

食料配給に並ぶ人々（1990年のソ連）

（AP／アフロ）

No.
Date

地理総合
GEOGRAPHY

THE LOOSE-LEAF STUDY GUIDE
FOR HIGH SCHOOL STUDENTS

THEME 地球的課題と SDGs

主な地球的課題

● 地球環境問題：大気汚染・酸性雨，地球温暖化，熱帯林の伐採による森林破壊，過放牧・過耕作など
による砂漠化　など。
● 食料問題：食料不足，余った食品を廃棄する食品ロス　など。
● 人口問題：人口爆発による資源や食料の不足，少子化・高齢化　など。
● 資源・エネルギー問題：石油やレアメタルの偏在，二酸化炭素の排出量の増加　など。

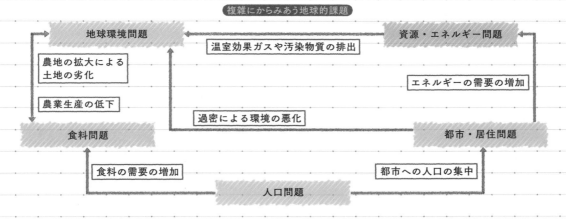

複雑にからみあう地球的課題

先進国は北半球に多く，発展途上国は南半球に多いことから，このように呼ばれる。

● 01 ＿＿＿＿：先進国と発展途上国との経済格差の問題。
● 02 ＿＿＿＿：発展途上国間の経済が成長している国とそうでない国の経済格差の問題。

地球的課題の解決に向けた取り組み

● 03 ＿＿＿＿＿＿＿＿：2015 年に国連で採択された，2016 年〜 2030 年までの世界の
開発目標。貧困，飢餓，教育などに関する 17 の目標（ゴール），
169 のターゲットから構成。これらの目標とターゲットはすべ
ての国や人々のためであり，地球上の「誰一人取り残さない」
という理念を掲げている。

● 持続可能な社会の実現に向けた取り組み…リサイクル・リユース・リデュース，ごみの分別，節水・
節電など。

└→ 将来の世代が必要とするものを損なう
ことなく，現在の需要も満たすことが
できる持続可能な開発を実現した社会

先進国の発展途上国への支援

● 先進国の政府が発展途上国の経済開発や福祉（ふくし）の向上のために行う 04 ＿＿＿＿＿＿＿＿＿ による資金や技術の援助。

┗━● 政府開発援助（ODA）の一環として行われる，自分の知識や技術を生かして
発展途上国の人々に貢献するボランティア事業

● JICA（国際協力機構）の JICA 海外協力隊（青年海外協力隊）（発展途上国で活動するボランティア人材）。

┗━● 営利を目的とせずに，行政や企業から独立して幅広い分野の社会活動に従事する組織・団体

● 05 ＿＿＿＿＿＿＿＿＿ や非営利組織（NPO）の取り組みなど。

┗━● 政府から独立して設立された非営利の民間協力組織。
平和・人権・環境保護問題などについて国際的な活動を行う

SDGsの17の目標（ゴール）

1 貧困をなくそう
あらゆる場所のあらゆる形態の貧困を終わらせる

2 飢餓をゼロに
飢餓（きが）を終わらせ，食料安全保障及び栄養改善を実現し，持続可能な農業を促進する

3 すべての人に健康と福祉を
あらゆる年齢のすべての人々の健康的な生活を確保し，福祉を促進する

4 質の高い教育をみんなに
すべての人に包摂的かつ公正な質の高い教育を確保し，生涯学習の機会を促進する

5 ジェンダー平等を実現しよう
ジェンダー平等を達成し，すべての女性及び女児の能力強化を行う

6 安全な水とトイレを世界中に
すべての人々の水と衛生の利用可能性と持続可能な管理を確保する

7 エネルギーをみんなにそしてクリーンに
すべての人々の，安価かつ信頼できる持続可能な近代的エネルギーへのアクセスを確保する

8 働きがいも経済成長も
包摂的かつ持続可能な経済成長及びすべての人々の完全かつ生産的雇用と働きがいのある人間らしい雇用を促進する

9 産業と技術革新の基盤をつくろう
強靭（きょうじん）なインフラ構築，包摂的かつ持続可能な産業化の促進及びイノベーションの推進を図る

10 人や国の不平等をなくそう
各国内及び各国家間の不平等を是正する

11 住み続けられるまちづくりを
包摂的で安全かつ強靭で持続可能な都市及び人間居住を実現する

12 つくる責任つかう責任
持続可能な生産消費形態を確保する

13 気候変動に具体的な対策を
気候変動及びその影響を軽減するための緊急対策を講じる

14 海の豊かさを守ろう
持続可能な開発のために海洋・海洋資源を保全し，持続可能な形で利用する

15 陸の豊かさも守ろう
陸域生態系の保護，回復，持続可能な利用の推進，持続可能な森林の経営，砂漠化への対処，並びに土地の劣化の阻止・回復及び生物多様性の損失を阻止する

16 平和と公正をすべての人に
持続可能な開発のための平和で包摂的な社会を促進し，すべての人々に司法へのアクセスを提供し，あらゆるレベルにおいて効果的で説明責任のある包摂的な制度を構築する

17 パートナーシップで目標を達成しよう
持続可能な開発のための実施手段を強化し，グローバル・パートナーシップを活性化する

No.
Date

地理総合
GEOGRAPHY

THE LOOSE-LEAF STUDY GUIDE
FOR HIGH SCHOOL STUDENTS

THEME **地球環境問題①（さまざまな地球環境問題）**

主な地球環境問題

地球規模で生じている環境問題である 01 　　　　　　　は，大気汚染，酸性雨，海洋汚染，水質汚濁，

土壌汚染，砂漠化，熱帯林の破壊，地球温暖化，生物多様性の喪失などさまざまである。

主な地球環境問題

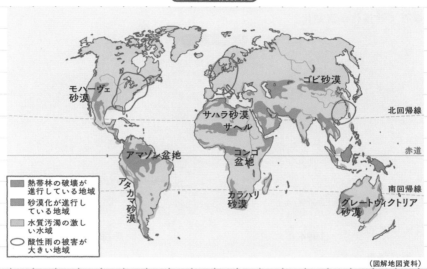

熱帯林の破壊が
進行している地域

砂漠化が進行し
ている地域

水質汚濁の激し
い水域

酸性雨の被害が
大きい地域

（図解地図資料）

大気汚染

● 02 　　　　　　　：工場や自動車から出る排気や廃水などによって発

生する硫黄酸化物，窒素酸化物によって大気が汚れること。

┌→酸性度の高い雨

➡ 03 　　　　　　　を引き起こしたり，PM2.5 や，排ガスなどに紫外線

が作用して光化学スモッグを発生させたりする。

● 日本では，四大公害病の一つである四日市ぜんそくが問題になった。

中国の大気汚染

(PIXTA)

酸性雨

● 酸性雨：大気汚染物質を含んだ，酸性度の高い雨。 04 　　　　　　　の燃焼によって発生する大気汚染

物質が，雨にとけることによって発生する。

➡ 森林を枯らしたり，土壌や湖沼を酸性化してそこに生息する生物を死滅させたりすることもあり，

生態系に大きな影響を及ぼす。

（例）・ノルウェーなど北欧の湖…1950 ～ 1970 年代にかけて湖の魚が減少。

・旧西ドイツ…1970 年代半ば，木々の立ち枯れが散見。

● 被害が顕著なのはヨーロッパだが，中国東部やアメリカ東部

でもみられる。

> 偏西風の影響で国境を越えた
> 問題となっている。

砂漠化

● 05 ＿＿＿＿：乾燥地域で，気温の上昇や降水量の減少などの自然的要因と，人口増加に伴う過耕作・過放牧などの人為的要因で土地の植生が失われて起こる土地の不毛化。

●特に，サハラ砂漠の南縁に沿って広がる 06 ＿＿＿＿＿＿では，干ばつと過耕作・過放牧，地下水の過剰なくみ上げなどで砂漠化が深刻化。

サヘルの位置

モーリタニア
マリ
ニジェール
チャド
スーダン
サ
ヘ
ル
ブルキナファソ
ナイジェリア
中央アフリカ
サ ハ ラ 砂 漠
0　　1000km

解決に向けた取り組み　1994 年に 07 ＿＿＿＿＿＿＿＿＿を採択（1996 年発効）。民間企業や NGO による植林活動など。

熱帯林の破壊

アマゾン川流域に広がるセルバ。

〈熱帯林の分布〉ラテンアメリカやアジア，アフリカなどの赤道付近。

〈熱帯林の主なはたらき〉

インドネシアやマレーシアなど。

●多種多様な動植物を育み生物多様性を保全し，生態系を支えている。

●二酸化炭素を吸収して酸素を供給する。➡地球温暖化を抑制。

〈熱帯林の破壊の原因となる例〉

●プランテーションの拡大，農牧場の開発や道路の建設などにより熱帯林の伐採が進行。

●インドネシアでは，輸出用のえびの養殖池をつくるために 08 ＿＿＿＿＿の伐採も進行。

➡貴重な動植物が絶滅の危機にさらされ，生態系の破壊が危惧される。

アマゾンにおける森林減少

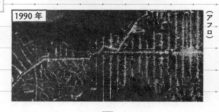

1990 年

（アフロ）

2000 年

解決に向けた取り組み　木材の輸出や農地の開発を規制，自然保護地域を設定，植林活動など。また，農家に対して 09 ＿＿＿＿＿＿＿＿と呼ばれる農業と林業を両立させる経営を推奨。

└─成長サイクルの異なる複数の農作物の栽培や家畜の飼育を行い，森林の回復をはかる農林業

No.

地理総合
GEOGRAPHY

Date

THE LOOSE-LEAF STUDY GUIDE
FOR HIGH SCHOOL STUDENTS

THEME 地球環境問題②（地球温暖化など）

地球温暖化

●地球温暖化：地球の平均気温が上昇する現象。

石炭や石油といった化石燃料を大量に使用した結果，二酸化炭素などの

01 _____ が増加したことが原因と考えられている。
→ メタンガスやフロンガスなども含む

産業革命以降，大量に化石燃料を使用してきたことによって，20世紀中頃から大気中の二酸化炭素濃度が高くなった。

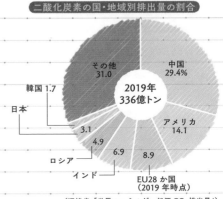

二酸化炭素の国・地域別排出量の割合

2019年
336億トン

- その他 31.0
- 中国 29.4%
- 韓国 1.7
- 日本 3.1
- ロシア 4.9
- インド 6.9
- EU28か国（2019年時点）8.9
- アメリカ 14.1

（環境省「世界のエネルギー起源CO₂排出量」）

地球温暖化の影響

●干ばつや豪雨などの異常気象の頻発や，生態系の破壊などを引き起こすことが危惧されている。

●北極圏や南極大陸の氷河の融解による海面の上昇。

→海抜の低い国が水没の危機。 （例）ツバル，モルディブなど

移住のための人工島の造成が進められている。

解決に向けた取り組み

● 1992年：国連環境開発会議（地球サミット）が開催。

→ 02 _____ ，生物多様性条約を採択。

● 1997年：03 _____ が採択され，先進国に対して温室効果ガスの削減目標が定められた。

● 2015年：04 _____ が採択され，先進国だけでなく発展途上国を含めた各国・地域が温室効果ガスの削減目標の提出を義務付けられた。

	京都議定書	パリ協定
対象国・地域	38の国とEU（先進国のみ）	196の国と地域（先進国と発展途上国）
全体の目標	2008～2012年の間に，温室効果ガスを1990年と比べて約5％削減。 ※その後2020年まで延長	世界の平均気温の上昇を，産業革命以前と比べて2度未満にする。
目標の設定	各国政府が交渉により決定	各国が決めた削減目標を国連に提出 →5年ごとに目標の見直し・更新

●世界の多くの国で，化石燃料の使用を止め温室効果ガスの排出量を実質ゼロにする

　05 _____ を目指し，再生可能エネルギーの活用を推進するなどの取り組みを進めている。

海洋汚染

●海洋汚染：生活排水や工場からの廃水，海洋ごみ，船舶などから漏れ出た油などが海洋に流入して起こる。

●近年，最も問題となっているのが海洋の 06 _____ の拡散。

　　　自然界ではほとんど分解されずに残る。

　➡プラスチックの微細な破片や粒子（マイクロプラスチック）が海洋生物の体内に蓄積されつつある。

　➡これらの海洋生物を食料にする人類の健康への悪影響も危惧されている。

海洋ごみの種類別の割合

種類	割合
紙や布	1.1%
木材	7.3%
自然物	15.9%
プラスチック	65.8%
金属	4.0%
ガラス・陶器	2.8%
その他人工物	3.1%

（環境省「海洋ごみをめぐる最近の動向　平成30年」）

解決に向けた取り組み

●海洋環境の保全などについて定めた国連海洋法条約を1982年に採択。

●レジ袋やストローなどのプラスチック製品の使用を削減する。

●使用済みプラスチック製品の回収やリサイクルを推進する。

オゾン層の破壊

● 07 _____ ：地表から高度25km付近でオゾンが集中している気層。太陽光に含まれる有害な紫外線を吸収しているため，地上の生物を保護する役割をもつ。

　➡冷蔵庫やクーラーの冷媒剤などに使用されてきたフロンによって，南極上空で1980年代からオゾン層の破壊がみられるようになった。

オゾン全量南半球分布図

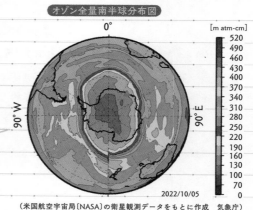

中心部の南極付近のオゾンの数値が低く，穴のように見えるところを 08 _____ と呼ぶ。

解決に向けた取り組み

●1987年にモントリオール議定書を採択。

　➡フロンの生産・使用を規制。

（米国航空宇宙局［NASA］の衛星観測データをもとに作成　気象庁）

No.

Date

地理総合
GEOGRAPHY

THE LOOSE-LEAF STUDY GUIDE
FOR HIGH SCHOOL STUDENTS

THEME **資源・エネルギー問題**

鉱産資源の利用

鉱産資源は金属資源と非金属資源に大きく分類される。

- 01 ＿＿＿＿＿＿＿：鉄鉱石，銅，ボーキサイトなど。特に，クロムやコバルトなどの存在量が少なく
  取り出すことが難しい金属資源は 02 ＿＿＿＿＿＿＿＿＿ と呼ばれる。
  → 近年需要が拡大。 スマートフォンや電気自動車の生産に欠かせないため。
  02 ＿＿＿＿＿＿＿＿＿ の安定供給のため，**都市鉱山**の利用などが進む。
- 03 ＿＿＿＿＿＿＿：石材，石灰石，粘土鉱物，硫黄など。

  → 廃棄された家電製品や携帯電話などの電子機器に
  含まれる金やレアメタルなどを鉱山にたとえたもの

エネルギー資源の利用

エネルギー資源：**熱や光，電力，動力などのエネルギーのもととなる資源。** １次エネルギーと２次エネ
ルギーに大きく分類される。 鉱産資源の一部。

- 04 ＿＿＿＿＿＿＿：水力，風力，ウラン，化石燃料などの，自然界にそのまま存在するもの。
- 05 ＿＿＿＿＿＿＿：電力，都市ガス，ガソリンなどの，１次エネルギーを加工して生産された
  もの。

エネルギー資源の利用の変化

1960 年代後半に，エネルギー消費
の中心が石炭から石油に転換する
06 ＿＿＿＿＿＿＿ が起こった。

- 18 世紀の産業革命以降，石炭などの化石燃料を大量に消費。
- 20 世紀になると，自動車用燃料などとして石油の利用が増加。
  07 ＿＿＿＿＿＿＿＿＿＿ を通して，原油採掘による利益の大半が先進国へ。
  → 石油の採掘・精製・輸送・販売などの権益をもつ先進国の巨大企業
- 第二次世界大戦後，産油国で 08 ＿＿＿＿＿＿＿＿＿ が高まる。
  → 自国の資源を自ら管理し，輸出などで得た収益を自国の経済成長に
  つなげようという考え方や運動
- 1960 年に産油国が 09 ＿＿＿＿＿＿＿＿＿＿ を結成。
  → 産油国が原油価格や産油量を決定する権限をもつ。
- 1970 年代に石油価格の高騰によって２度の 10 ＿＿＿＿＿＿＿＿＿ が起こる。
  → 先進国を中心に，石油依存からの脱却の動きが高まり，代替エネルギーの開発が進められ，
  天然ガスや原子力の需要が高まった。
  → 枯渇することなく，半永続的に利用で
  きるエネルギー。太陽光，風力，地熱，
  バイオマスなど
- 2000 年代以降，シェールガスやオイルサンドの採掘なども進む。
  各国で化石燃料の利用の削減や，環境への負荷が小さい**再生可能エネルギー**への転換，省エネルギー
  政策などが推進されている。

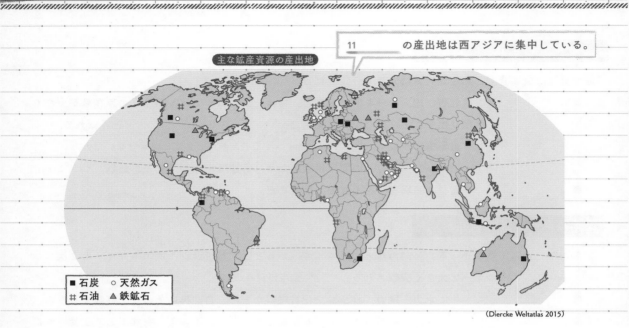

主な鉱産資源の産出地

11 の産出地は西アジアに集中している。

■ 石炭　○ 天然ガス
♯ 石油　△ 鉄鉱石

(Diercke Weltatlas 2015)

発電におけるエネルギー構成の特徴

〈火力発電〉

● 12 や石油，天然ガスを燃焼させて発電する方式。

● 燃焼時には，地球温暖化の原因となる二酸化炭素を排出するため，環境への負荷が大きい。

〈水力発電〉

● 水が落下するときのエネルギーを利用して発電する方式。

大河川のある国では 13 発電がさかん。

〈原子力発電〉

● ウランの核分裂のときに生じる熱エネルギーを利用して発電する方式。

● 2011 年の福島第一原子力発電所の事故などによる放射能汚染や，放射性廃棄物の処分方法など課題が多い。

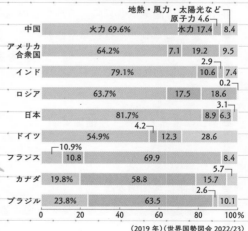

主な国の発電量の構成割合

地熱・風力・太陽光など
原子力 4.6

	火力	水力	原子力	地熱・風力・太陽光など
中国	69.6%	17.4	8.4	
アメリカ合衆国	64.2%	7.1	19.2	9.5
インド	79.1%	10.6	7.4	2.9
ロシア	63.7%	17.5	18.6	0.2
日本	81.7%	8.9	6.3	3.1
ドイツ	54.9%	4.2 / 12.3	28.6	
フランス	10.8	10.9%	69.9	8.4
カナダ	19.8%	58.8	15.7	5.7
ブラジル	23.8%	63.5	2.6	10.1

0　20　40　60　80　100%

(2019 年) (世界国勢図会 2022/23)

代替エネルギーへの転換

ドイツやデンマークでは風力発電，
イタリアでは地熱発電を積極的に導入。

● 先進国を中心に，14 への転換が進む。

→ 太陽光発電や風力発電は天候によって発電量が左右されやすいなどの欠点がある。

● ヨーロッパの複数の国で電気を融通しあうしくみの構築や，先進国を中心にスマートグリッドの整備が進む。

大型発電所からの送電だけでなく，住宅や事業所なども含めた送電網の中で，情報通信技術（ICT）をいかして効率よく電力を分配するシステム

No.

Date

地理総合
GEOGRAPHY

THE LOOSE-LEAF STUDY GUIDE
FOR HIGH SCHOOL STUDENTS

THEME 人口問題①（世界の人口と人口ピラミッド）

世界の人口と居住地

●地球上には約79億人が生活している。（2021年現在）

⇒すべての地域で人間が生活しているわけではない。

● 01 ：人間が常に居住する地域。

⇒モンスーンアジアや西ヨーロッパ，北アメリカ東部など

は人口密度が高い。

> 古くから稲作が発達していた
> 地域や都市が成立した地域，
> 産業が発達した地域。

→季節風の影響を強く受ける東アジア
から南アジアにかけての地域

混雑する市場（ナイジェリア）
（ロイター／アフロ）

● 02 ：人間が居住しない地域。

⇒乾燥地域や高山地域，極地などは，
農作物の栽培に不向きで生活に適し
ておらず，人口密度が低い。

●21世紀後半には，世界の総人口が100億人を超え
ると推定されている。

⇒人口増加による食料や資源，土地などの不足，そ
れらをめぐる紛争の発生が危惧されている。

> 世界各国の人口増加率には地域差があり，
> 特にアフリカなどの 03 では
> 高い傾向がみられる。

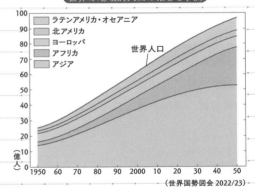
世界の地域別人口の推移と予測

ラテンアメリカ・オセアニア
北アメリカ
ヨーロッパ
アフリカ
アジア
世界人口
（億人）
（世界国勢図会 2022/23）

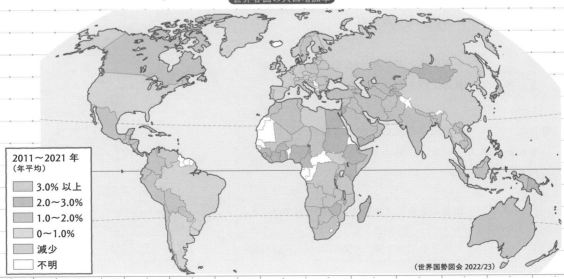
世界各国の人口増加率

2011～2021年
（年平均）

3.0%以上
2.0～3.0%
1.0～2.0%
0～1.0%
減少
不明

（世界国勢図会 2022/23）

地理総合
GEOGRAPHY

THE LOOSE-LEAF STUDY GUIDE
FOR HIGH SCHOOL STUDENTS

THEME 人口問題①（世界の人口と人口ピラミッド）

発展途上国の人口の特徴

● 20世紀後半にアジアやアフリカなどの発展途上国で人口が急増する 04 ＿＿＿＿＿ が起きた。

● 出生率が 05 ＿＿＿＿＿。 ← 一定人口に対する出生数の割合

→ 貧困家庭が多く，子どもには労働力として家計を助ける役割があるため。

● 死亡率が 06 ＿＿＿＿＿。 ← 一定人口に対する死亡数の割合

→ 民族紛争や感染症が多発しやすく，乳児死亡率が高く平均寿命が短いため。

先進国の人口の特徴

● 出生率が 07 ＿＿＿＿＿。

→ 晩婚化（平均初婚年齢が高くなる）や非婚化（結婚しない）が進行。

● 死亡率が 08 ＿＿＿＿＿。 ────── 09 ＿＿＿＿＿ が進行。

→ 医療や衛生環境の整備などから平均寿命が延び，高齢者の割合が ─┘
急速に上昇。

> 増大する社会保障費を少ない現役世代でまかなわなければならず，国民一人あたりの経済的な負担が重くなる。労働力も不足。

人口ピラミッド

ある国や地域の人口構成を性別・年齢別に表したグラフ。
縦軸が年齢，横軸が総人口に占める男女別人口の割合を
表す。

主な国の人口ピラミッド

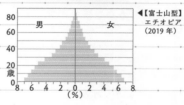

◀【富士山型】
エチオピア
（2019年）

人口ピラミッドの主な型

● 富士山型…出生率も死亡率も高く，若年層ほど人口
が多い。発展途上国に多くみられる。

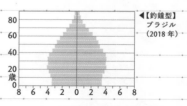

◀【釣鐘型】
ブラジル
（2018年）

● 10 ＿＿＿＿＿…出生率と死亡率がともに低く，高齢
者以外の年齢層の人口の割合がほぼ同じである。

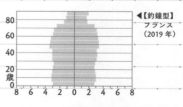

◀【釣鐘型】
フランス
（2019年）

● 11 ＿＿＿＿＿…出生率と死亡率がともに低く，出生
率が死亡率よりも低い。日本など先進国に多くみら
れる。

> 医療が進歩し衛生環境が改善されていくと，
> 12 ＿＿＿＿＿ が低下し，やがて 13 ＿＿＿＿＿
> も低下していく傾向がみられる（人口転換）。

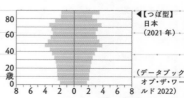

◀【つぼ型】
日本
（2021年）

（データブック
オブ・ザ・ワー
ルド2022）

No.

地理総合
GEOGRAPHY

Date

THE LOOSE-LEAF STUDY GUIDE
FOR HIGH SCHOOL STUDENTS

THEME 人口問題②（発展途上国・先進国の人口問題）

発展途上国の人口問題と取り組み

● 先進国と比べて死亡率が高いが，近年，衛生環境の改善や医療の普及などにより，死亡率が低下してきている。

→ 一方，出生率は高いままのため，多くの発展途上国で出生率と死亡率の差が拡大し，人口が急増した。

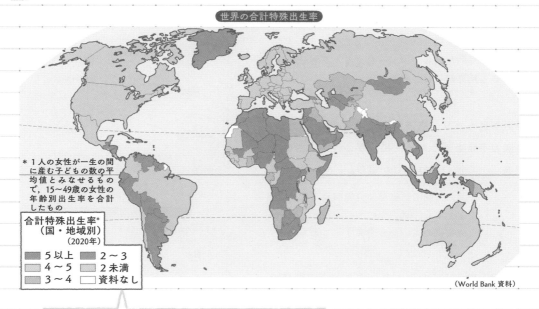

世界の合計特殊出生率

* 1人の女性が一生の間に産む子どもの数の平均値とみなせるもので，15〜49歳の女性の年齢別出生率を合計したもの

合計特殊出生率*
（国・地域別）
（2020年）

- 5以上
- 4〜5
- 3〜4
- 2〜3
- 2未満
- 資料なし

（World Bank 資料）

サハラ以南アフリカの国々で，特に高くなっている。

→ 出生率を抑えるために，ナイジェリアやインドなど多くの発展途上国で 01 _____ を奨励するようになった。

家族や個人の生活の安定などのために，
出産する子どもの数や時期を計画的に調整すること。

● 政府や NGO が，家族計画の普及を目的とした，貧困層や女性の 02 _____ を向上させるための取り組みを実施している。

→ 15歳以上の人口のうち，日常生活に不自由のない程度の読み書きができる人口の割合

（例）・成人女性のための読み書き教室の開設。
　　　・就学のための子どもへの食料援助。

● 中国では，1979 年から 2015 年にかけて夫婦一組の子どもの数を原則一人に制限する
03 _____ を実施し，人口増加率を抑制した。

THEME 人口問題②（発展途上国・先進国の人口問題）

先進国の人口問題と取り組み

● 04 _____ の低下と平均寿命の延びによって，少子化と高齢化がともに進行（少子高齢化）。

└─ 一人の女性が生涯に産むと見こまれる子どもの数を示す値

→ 合計特殊出生率の低下が進むと，人口ピラミッ
ドは富士山型→釣鐘型→つぼ型へと移行する。

> 総人口に占める老年人口（65歳以上の人口）の割合が
> 7％を超えると高齢化社会，14％を超えると高齢社会，
> 21％を超えると超高齢社会と呼ぶ。

● 労働力不足となり，経済活動が停滞。

→ 労働力不足を補うため，出稼ぎの外国人労働者
や 05 _____ の受け入れが進む。

> 外国人労働者は劣悪な労働環境で働くことも
> 少なくなく，就労先の国の住民と，宗教や
> 生活文化の違いから衝突することもある。

● 生産年齢人口一人あたりが負担する社会保障費の
増大。
└─ 15歳以上65歳未満の人口

● 介護施設や医療機関の増設，既存施設のバリアフ
リー化が求められる。

● 育児に関わる経済的な支援や子育てしやすい環境
の整備が求められる。

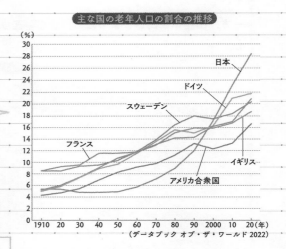

主な国の老年人口の割合の推移

（データブック オブ・ザ・ワールド 2022）

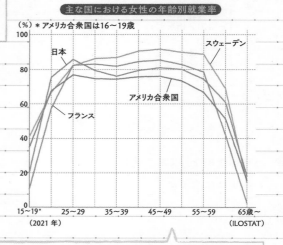

主な国における女性の年齢別就業率

> 日本はフランスやスウェーデンと比較すると子育て
> 世代の20代〜40代の就業率が低くなっている。

〈取り組みの例〉

● フランスでは，妊娠・出産費用は原則無料，子育て世帯への現金の給付，保育サービス提供者の整備，父親を対
象にした出産休暇制度など，子育て世帯への手当が充実している。

● スウェーデンでは，学費や医療費の無料化，父親を対象とした 06 _____ などの子育てしやすい環境が
整備されている。また，高齢者が在宅で医療や介護のサービスを24時間受けられる体制づくりもなされている。

No.

地理総合
GEOGRAPHY

THE LOOSE-LEAF STUDY GUIDE
FOR HIGH SCHOOL STUDENTS

Date

THEME 食料問題

世界の食料問題

● 国連食糧農業機関（FAO）によれば，世界で生産されている食料は，世界の人口に対して十分な量であるが，**食料の需要と供給の地域的な偏りが大きく**，発展途上国を中心とする国々では，食料不足の状況にある。

発展途上国の食料事情

● サハラ以南アフリカや南アジアなどでは，深刻な 01 _____ が発生している。

〈食料不足の主な要因〉

● 過耕作・過放牧で農産物を十分収穫できない。

● 外貨の獲得を目的に 02 _____ を栽培し輸出してきたことで，自国向けの農産物の供給が不足。

● 異常気象による 03 _____ や洪水などの自然災害のほか，紛争や内戦などの不安定な政情，04 _____ の流行などにより，十分な食料生産ができない。

● 多くのアフリカ諸国にみられる 05 _____ 経済が，自給用作物の増産を遅らせている。

● 食料不足によって，慢性的な栄養失調や 06 _____ で苦しむ人も少なくない。

長期間にわたり十分に食べられず栄養不足となり，
生存や健康的な生活が困難になっている状態

各国・地域の栄養不足の人口の割合

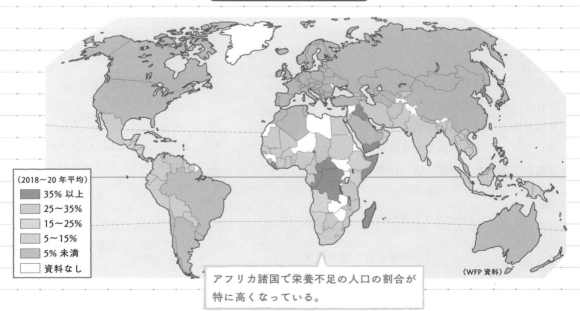

（2018〜20年平均）
35% 以上
25〜35%
15〜25%
5〜15%
5% 未満
資料なし

（WFP資料）

アフリカ諸国で栄養不足の人口の割合が
特に高くなっている。

先進国の食料事情

● 食料が豊富で不自由がない <u>07</u> の状況にあり，供給過多による大量廃棄が社会問題に。

● 野菜や果物，畜産物などの貿易が活発化➡食生活の多様化。

> 植物を原料としてつくられるバイオエタノールなど。

● 三大穀物の一つである <u>08</u> が，食用と食用以外とでそれぞれ需要が拡大。

➡ 穀物が不足し，アフリカやアジアの貧困層へ穀物が行き届かないことが懸念される。

● まだ食べられるのに廃棄される <u>09</u> の問題が深刻。

➡ 安全に食べられるのに廃棄されてしまう食品をNPOなどが集め，困窮している人々に無償で提供する

「<u>10</u>」という取り組みも広がっている。

「フードバンク」の取り組み（フランス）
（アフロ）

食料問題と食料の安定供給に向けた取り組み

発展途上国での取り組み

→ 第二次世界大戦後に発展途上国を中心にみられた人口急増による食料不足の解消のための改革

● 1960年から「<u>11</u>」が進められ，穀物などの高収量品種の開発や農業技術の改善などによって，農作物の収穫量を飛躍的に向上させた。

➡ 食料の増産と社会の安定のほか，発展途上国に近代的な農業技術をもたらした。

● 現在でもサハラ以南アフリカでは，先進国の継続的な支援を受けながら，農業技術の開発などによって食料増産が目指されている。

➡ <u>12</u> 海外協力隊（青年海外協力隊）は，アフリカ現地の気候などの自然条件に合ったアフリカ米と，高収量のアジア米を掛け合わせた <u>13</u> という品種の普及活動に取り組んでいる。

先進国の課題

● 食品ロスの解消やファストフードなどによるカロリーの過剰摂取の改善。

● 食料を輸入に頼る割合の高い日本は <u>14</u> の向上を目指す。

● 家畜の伝染病などの食の安全に関する問題。

➡ トレーサビリティの導入など。
└ 生産者，生産日，生産方法など，農畜産物の生産や流通に関する情報を記録し，消費者が確認することができるしくみ

● <u>15</u> の安全性を疑問視する声の高まりなど。

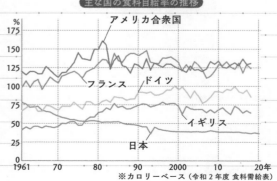

主な国の食料自給率の推移

アメリカ合衆国
フランス
ドイツ
イギリス
日本

%
175
150
125
100
75
50
25
0
1961 70 80 90 2000 10 20年

※カロリーベース（令和2年度 食料需給表）

No.
Date.

地理総合
GEOGRAPHY

THE LOOSE-LEAF STUDY GUIDE
FOR HIGH SCHOOL STUDENTS

THEME 都市・居住問題

先進国の都市化と都市問題

● 世界の主要な大都市は，19世紀から20世紀前半にかけて企業や工場，人口が集中し，急速に都市化が進んだ。

→ 発達した大都市の都心には，しばしば行政機関や企業の本社などが集まる 01 _____ が形成される。

（例）ロンドンのシティ，ニューヨークのマンハッタン，東京の丸の内。

→ 多くの企業が集中していることから，02 _____ より 03 _____ が多くなる。

郊外から都心へ通勤してくる人が多いため。

● 地価の高騰や，大気汚染や騒音など居住環境の悪化，スラムの形成など都市問題が発生した。

● 一部の国で中高所得者を中心に，都心部から郊外へ流出する動き（郊外化）がみられた。

「スプロール」とは「無秩序に広がる」という意味。

〈都心部〉

〈郊外〉

● ドーナツ化現象が発生。
└ 都心部の人口が減少し，郊外の人口が増加する現象

→ 04 _____
の整備で改善へ。
└ 道路，電気，上下水道など，人々の生活や産業の基盤となるもの

● 07 _____ が問題に。
└ 道路や公園が整備されないまま，無秩序に住宅地の開発が進み，市街地が虫食い状に広がる現象

→ ニュータウンの建設で，市街地を整備。

● 都心周辺部（インナーシティ）の老朽化した建物に低所得層が流入し，治安や衛生環境が悪化する 05 _____ 問題が深刻に。

● 居住人口の増加で消費活動が活発になると，モータリゼーション（車社会化）が進み，広大な駐車場を備えた大型ショッピングセンターが建設された。

● 1980年代以降，大都市で再開発が活発に。

（例）ロンドンのドックランズなど。

→ 欧米諸国で，郊外に住んでいた高所得者が再開発の進んだ都心部に回帰する 06 _____ がみられた。

● 都市問題を解消するための一つの事業として _____ の構想が進む。
08 _____
└ 都市の中心部に行政や商業施設，住宅などを生活しやすい規模に集約させた都市形態

ロンドンの首都圏

・スティーヴニジ
ハットフィールド ・ウェリンガーデンシティ
ヘメル・ヘムステッド ・ハーロー
シティ ・バジルドン
ブラックネル ・テムズ川
・クローリー
ドックランズ

■ 中心業務地区（CBD）
■ グリーンベルト（緑地帯）
---- 旧ロンドン（1888〜1965年の市界）
■ 大ロンドン（大ロンドン政府行政区域）
── ロンドン・リージョン　● ニュータウン

（図解地図資料）

日本の都市化と都市問題

● 1950 ～ 70 年代の高度経済成長期以降，東京・大阪・名古屋を中心に形成された三大都市圏で，経済成長に伴い人口が急増。

→ 都心部の地価の高騰（こうとう）や居住環境の悪化などにより，人口が郊外へ流出する 09 ＿＿＿＿＿ がみられた。

● 郊外でスプロール現象が問題となり，大阪府の千里（せんり）や東京都の多摩（たま）などに 10 ＿＿＿＿＿＿＿ が形成。

● 1990 年代頃から，東京や大阪の都心部で 11 ＿＿＿＿＿ → 高層マンションや商業施設，オフィスなどが集約。

● 2000 年代以降，都心部の人口が回復する都心回帰がみられた。

発展途上国の都市化と都市問題

発展途上国の都市化

● 20 世紀後半以降，仕事を求めて農村部から都市部へ人口が流入し，都市人口が急増。

→ 人口 1000 万人をこえるメガシティが出現。

● 1980 年代以降，大都市郊外に形成された工業団地に外資系企業の工場が進出。

→ 経済成長により高所得の新中間層が増加。

● 政治や経済，文化などの都市機能の一極集中が進み，12 ＿＿＿＿＿＿＿ が出現。

> 都市機能が集中し，その国で最も人口が多く，経済が発展している都市。第二位の都市との格差が非常に大きい

→ その一方で都市問題が発生。

　・ 13 ＿＿＿＿＿（不良住宅地区）の形成。

　　→ 露天商（ろてんしょう）や行商（ぎょうしょう）などのインフォーマルセクターで働いている人も少なくない。

> 公的な統計や記録に含まれない経済活動

バンコク（タイ），ジャカルタ（インドネシア），メキシコシティ（メキシコ）など。

　・交通渋滞，排ガスなどによる大気汚染，騒音など。

発展途上国の都市問題への主な対策

● 都心部と郊外を結ぶ高架鉄道や地下鉄が開通。

● 市街地への自動車の乗り入れ制限や，地下鉄の延長など公共交通機関の整備。→ 交通渋滞や大気汚染の緩和。

● 低所得者向けに安価な住宅の提供。→ 居住環境の改善。

● 農村部の所得向上。→ 都市への人口流入を抑制。

マニラのスラム街（フィリピン）

（アフロ）

No.

地理総合
GEOGRAPHY

Date

THE LOOSE-LEAF STUDY GUIDE
FOR HIGH SCHOOL STUDENTS

THEME 民族問題

難民と民族問題

国連難民高等弁務官事務所（UNHCR）が難民の保護や
救援活動を行っている。

● 01 ＿＿＿＿＿：人種，宗教，国籍，政治的意見
などを理由に迫害を受けるおそ
れがあったり，紛争や，紛争を
原因とする飢餓（➡ P.97）や貧
困から逃れるために，国籍をもっ
ている国を離れた人々。

→民族間の対立である 02 ＿＿＿＿
が多くの難民を発生させている。

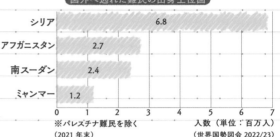

国外へ逃れた難民の出身上位国

国	人数
シリア	6.8
アフガニスタン	2.7
南スーダン	2.4
ミャンマー	1.2

※パレスチナ難民を除く
（2021年末）

入数（単位：百万人）
（世界国勢図会 2022/23）

世界の主な民族問題

世界の主な民族問題

シリア内戦
カシミール紛争
ジョージア内戦
キプロス紛争
西サハラの
分離独立運動
アフガニスタン内戦
ロヒンギャ問題
モロ族の分離
独立運動
パプア独立運動
パレスチナ問題
アチェ分離独立運動
カフカス地方の分離独立運動
（チェチェン紛争，ナゴルノ＝カラバフ紛争）
ダルフール紛争
ソマリア内戦
ルワンダ紛争
クルド人の
民族独立運動

中東やアフリカで民族問題が多い。

ヨーロッパによる過去の植民地支配を背景とした民族紛争

● 03 ＿＿＿＿：フツ人とツチ人による内戦。フツ人によるツチ人への大量虐殺がおこなわれ，
内戦終結後，ツチ人による報復をおそれたフツ人が多数難民になった。

● 04 ＿＿＿＿：ミャンマー西部に住むイスラーム系少数民族のロヒンギャの多くが，ミャ
ンマーで多数派である仏教徒から迫害を受けて，隣国のバングラデシュへ
逃れるなどした問題。

近代国家のあり方

● 05 ＿＿＿＿＿＿＿＿＿：近代国家が理想とした国家のあり方で，共通の生活文化や言語をもつ
民族のまとまりを中心に形成される国家。または単一の民族で成り立っ
ている国家。

● 06 ＿＿＿＿＿＿＿＿＿：多様な民族から成り立っている国家で，世界の多くがこれに当たる。公用語以外
の言語を母語とする人々は不利な立場になりやすく，多数派の民族が少数派の民
族より政治的・経済的に優位に立ちやすい。

➡ 民族間で不平等が生じ，対立が発生する。

民族問題のさまざまな背景

● 第二次世界大戦後，07 ＿＿＿＿＿＿＿＿＿＿ が勃発(ぼっぱつ)。
└ 世界の国々が，アメリカを中心とする資本主義陣営と，
ソ連を中心とする社会主義陣営に分かれて対立した状態

● 冷戦終結後，それまで大国に支えられていた脆弱(ぜいじゃく)な政治体制の国の多くが崩壊。

アメリカ同時多発テロ事件
（アフロ）

● 世界各地で民族紛争や地域紛争が起こるようになる。

● 2000 年以降，紛争が長期化する地域もある一方で，

08 ＿＿＿＿＿＿＿＿＿ などの勢力が台頭し，
└ イスラーム法に基づく国家や社会への回帰を求める思想や運動

新たにテロリズム（テロ）も発生。 （例）アメリカ同時多発テロ事件など。
└ 政治的な目的の達成のために，
暗殺や暴力などの非合法な殺傷行為を行うこと

民族問題の解決へ向けて

● 09 ＿＿＿＿＿＿＿＿＿：少数派の民族を，支配的で多数派の民族の文化に吸収させることをうながし，民族
の統合をはかる考え方。

● 10 ＿＿＿＿＿＿＿＿＿：1 つの社会の中に複数の民族が存在するとき，それぞれの民族の文化の独自性を
尊重し，共存をはかろうとする考え方。

〈多文化主義を掲げている主な国〉
先住民であるアボリジニの隔離(かくり)と迫害に加え，
白人以外のアジア系などの移民を制限する政策

● オーストラリア…かつて同化主義の一種である 11 ＿＿＿＿＿＿＿＿ 政策をとっていたが，1970 年代にこれを
撤廃し，その後は多文化主義的な政策に転換した。

● カナダ…多文化主義を採用し，イギリス系とフランス系に加え，アジア系や先住民イヌイットなど，さまざまな
民族が暮らしている。

No.

地理総合
GEOGRAPHY

Date

THE LOOSE-LEAF STUDY GUIDE
FOR HIGH SCHOOL STUDENTS

THEME その他の地球的課題

地球的課題

● 地球規模で取り組むべき地球的課題は，人々が豊かさを求めて開発を進めたことによって生じたものであり，これらは複雑に相互に関連しあっている。

● 地球的課題には，地球環境問題や人口問題，食料問題などのほかに，水資源の問題や教育問題などさまざまなものがある。

水資源の問題

貴重な水資源とその分布

そのままでは飲み水や農業用水に使用できない

● 地球上の水のほとんどは海水で，海水以外の水である陸水の多くは氷河であるため，私たちが利用できる水はほんのわずかである。

└ 地下水や湖水，河川水など

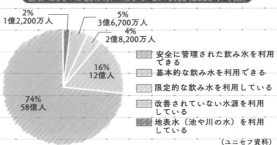

地球上の水の内訳

地球の水量
13億8485万 km³

大気中の水 0.001
海水 97.4%
陸水 2.6
湖水・河川水 0.59

陸水量
3598.7万 km³

氷河 76.4%
地下水 22.8
その他 0.21

（理科年表 2022）

● 水資源の分布は，気象条件や地形条件などに左右され，地域的に偏っている。

水資源の確保の現状

● 18世紀後半に起こった 01 ＿＿＿＿＿ 以降，人々の生活が便利で豊かになった反面，水資源の不足や汚染が急速に進んだ。

● 現在，安全な飲み水の確保や，02 ＿＿＿＿＿ の整備は世界的な課題となっている。

→ サハラ以南アフリカを中心とする発展途上国など世界の約10%にあたる人々が，安全な水を利用できていないとされている。

世界の人々の飲み水へのアクセス状況（2020年時点）

2%
1億2,200万人

5%
3億6,700万人

4%
2億8,200万人

16%
12億人

74%
58億人

安全に管理された飲み水を利用できる
基本的な飲み水を利用できる
限定的な飲み水を利用している
改善されていない水源を利用している
地表水（池や川の水）を利用している

（ユニセフ資料）

発展途上国の課題

● 特にサハラ以南アフリカでは，水道や井戸が整備されていない地域が多く，女性や子どもが水くみに多くの時間と労力を費やさなければならないほど飲み水の確保が困難。

→ 安全ではない未処理の水を飲まざるを得ない人々も少なくない。

● 衛生的な 03 ＿＿＿＿＿ が普及しておらず，屋外での排せつや共同トイレの使用などにより，04 ＿＿＿＿＿ にかかる危険性が高く問題となっている。

井戸から飲み水をくむ女性（インド）

（アフロ）

THEME その他の地球的課題

過剰な水資源の利用によるアラル海の縮小

● 中央アジアに位置する 05 ＿＿＿＿＿ は，かつて世界で4番目に広い湖だった。

● 1960年代からソ連が綿花栽培をさかんに進め，湖に流れ込む河川から灌漑用水を大量に取水した。

→ 湖への流入量が大幅に減少し，アラル海の湖水面積の縮小と農地の塩害などを引き起こした。

縮小するアラル海

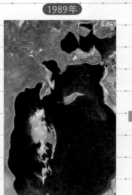
1989年

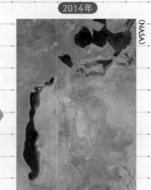
2014年
(NASA)

これからの水資源の利用や管理

● 貴重な水資源を世界中のすべての人々が安全に利用できる状況を持続させていくことが，SDGs（→ P.86）が掲げる世界共通の17の目標の一つとなっている。

● 発展途上国における安全な水の確保のために，日本などの先進国は，06 ＿＿＿＿＿（→ P.86）を通じた資金援助や，国際協力機構（JICA）や 07 ＿＿＿＿＿ などによる技術支援を行っている。

干上がったアラル海の湖底に残された船

(PIXTA)

教育問題

発展途上国の教育の現状

● 最近では，小学校に通えない子どもの数は世界的に減少傾向にある。

→ サハラ以南アフリカでは，子どもの約5人に1人が小学校に通うことができていない。地域によっては紛争や貧困が原因で学校に通えていない子どもも多い。

● アフリカや南アジアなどの発展途上国では，08 ＿＿＿＿＿（→ P.95）が低い。

● 屋外で，黒板しかない環境で授業が行われるなど，学習環境が整備されていない地域もある。

子どもの学習環境整備のための取り組み

● 学校に通うための社会環境づくり…紛争の解決や国内の治安の改善，教室などの教育を受けるための学習施設の建設など。

● 国連やNGOなどによって，生活水準の向上や学校給食の提供などの支援が行われている。

● NGOなどが，教育を受ける機会に乏しい 09 ＿＿＿＿＿ に職業訓練を行うなど，10 ＿＿＿＿＿ から抜け出すための支援を行っている。

● 質の高い教育の普及も，SDGsが掲げる世界共通の17の目標の一つとなっている。

No.

Date.

地理総合
GEOGRAPHY

THE LOOSE-LEAF STUDY GUIDE
FOR HIGH SCHOOL STUDENTS

THEME 日本の地形

日本列島が位置する場所と自然災害

● 日本列島はユーラシア大陸と太平洋の間に位置する弧状列島(こじょう)。

● ユーラシアプレートと 01 〔大陸プレート〕　の下に，02 〔海洋プレート〕　と太平洋プレートがそれぞれ沈み込むことで土地が隆起して形成された。

> 変動帯（➡ P.44）に位置している。

● 一定の深さまで沈み込んだ海洋プレートはマグマを発生させる。

　➡ 日本列島で火山が発達。

● プレートの沈み込みで地震が起こる。

・地震 ─── 03 ＿＿＿＿＿：海洋プレートが大陸プレートの下に沈み込む境界付近で発生する地震。津波が発生することもある。（➡ P.110）

　　　　└── 04 ＿＿＿＿＿：プレート内部の岩盤に生じた活断層のずれで発生する地震。（➡ P.110）

日本の地帯構造

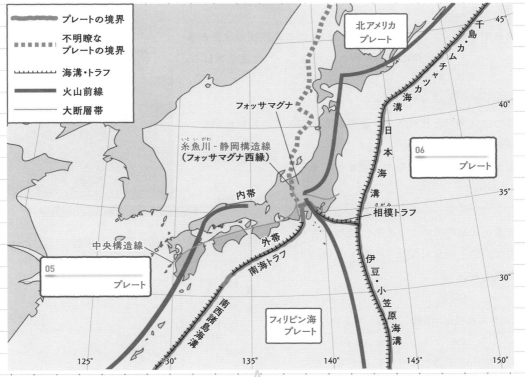

プレートの境界に沿って海溝や，海溝よりも浅い海底の盆地であるトラフが分布している。

日本列島の地形の特徴

● 日本の国土面積の約4分の3は山地や丘陵地が占める。

● 本州中央部に連なる日本アルプスの東側には，
07 ＿＿＿＿＿＿＿＿＿＿ と呼ばれる大地溝帯がある。

　　3000 m 級の山々が連なる飛驒山脈・木曽山脈・赤石山脈

日本の地形別割合

その他 2.4
台地 11.0
低地 13.8
平地 24.8
山地・丘陵地 72.8%

（日本国勢図会 2022/23）

● フォッサマグナを境に，東北日本と西南日本で山脈や山地の
連なる方向が異なる。

東北日本 ➡ ほぼ南北方向に連なる。

西南日本 ➡ 北東から南西方向，または東西方向に連なる。

　　　　➡ 新潟県親不知付近から静岡県安倍川まで

● フォッサマグナの西縁は 08 ＿＿＿＿＿＿＿＿＿＿ という大き
な断層の連なりとなっている。

　➡ この構造線を境に，日本列島は
　　東北日本と，西南日本に区分される。

　　　北アメリカプレート側。　　ユーラシアプレート側。

フォッサマグナと構造線

フォッサマグナ
糸魚川・静岡構造線
中央構造線

● 西南日本は 09 ＿＿＿＿＿ を境に，北側の高原状の地形が多
い 10 ＿＿＿＿＿ と，南側の山地が険しい 11 ＿＿＿＿ に区分される。

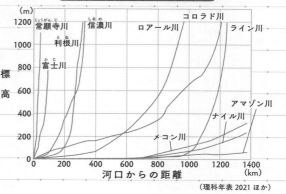

フォッサマグナの西縁の糸魚川・静岡構造線（長野県）

（アフロ）

日本の主な河川の特徴

● 世界の主な河川と比べると，水源から河口までの距離が短く，
傾斜が急で流れが速い。

　➡ 国土の幅が狭く，山脈や山地が多いから。

河川の作用でつくられる主な地形

● 降水量が比較的多いことから，流れが急な
河川は山地を侵食して 12 ＿＿＿＿＿（➡ P.45）
を形成する。

　　河川の作用は侵食，運搬，堆積（➡ P.45）。

● 河川の強い運搬力により，山地から河口に
かけて運搬された土砂が堆積して
13 ＿＿＿＿＿（➡ P.46）を形成する。

日本と世界の主な河川の傾斜の比較

（m）
標高
1200 常願寺川 信濃川 コロラド川
1000 利根川 ロアール川 ライン川
800 富士川
600
400 アマゾン川
200 ナイル川
メコン川
0
0 200 400 600 800 1000 1200 1400
（km）
河口からの距離

（理科年表 2021 ほか）

No.

Date

地理総合
GEOGRAPHY

THE LOOSE-LEAF STUDY GUIDE
FOR HIGH SCHOOL STUDENTS

THEME **日本の気候**

日本の気候に影響をあたえる風と気団

● 01 ＿＿＿＿＿＿ の影響を受けて，四季（季節の変化）が明瞭である。
└ 夏と冬で風向きが変わる風
　　　└ 広い範囲にわたってほぼ一定の
　　　　気温や湿度をもつ大気の集まり

● 季節によって性質の異なる４つの気団の影響を受ける。

→ ヨーロッパ諸国など同緯度の大陸西岸の地域に
　比べて，気温や降水量の年較差が大きい。

気団の種類	性質
02 ＿＿＿＿	寒冷・乾燥。
オホーツク海気団	寒冷・湿潤。
03 ＿＿＿＿	温暖・湿潤。
長江（揚子江）気団	温暖・乾燥。

夏の気団の影響

● 初夏にオホーツク海気団と小笠原気団がぶつかり，北海道を除く地域で 04 ＿＿＿＿ になる。

● 小笠原気団が発達して日本列島の大部分を覆うようになると，梅雨が明けて盛夏になる。

● 夏には，南東季節風が吹きつけ，太平洋側で雨が多くなる。

● 東北地方の太平洋側の地域では，オホーツク海気団から吹く冷たく湿った北東の風である 05 ＿＿＿＿ の影響で，稲などが不作になる冷害がおこることがある。

● 夏から初秋に 06 ＿＿＿＿ が暴風雨をもたらす。

冬の気団の影響

● シベリア気団の勢力が強まり，北西季節風が日本列島に吹きつける。

→ この季節風は暖流の対馬海流が流れる日本海をわたるときに大量の水蒸気を含み，日本海側に多くの 07 ＿＿＿＿ を降らせる。

→ 降雪後の季節風は，乾いた風となって太平洋側に吹き下ろすため，太平洋側では冬に晴れの日が多くなる。

日本列島周辺の主な気団

大陸上にあるため乾燥している。

シベリア気団　寒冷・乾燥
オホーツク海気団　寒冷・湿潤
長江気団　温暖・乾燥
小笠原気団　温暖・湿潤

海洋上にあるため湿潤となる。

夏の天気図

南高北低の気圧配置

大陸に低気圧がある。

高気圧の勢力が強い。

冬の天気図

西高東低の気圧配置

大陸に高気圧がある。

太平洋側に低気圧がある。

日本各地の気候の特徴

●同じ季節でも地域による気温差が大きい。08 _____ の影響で降水量にも地域差がみられる。

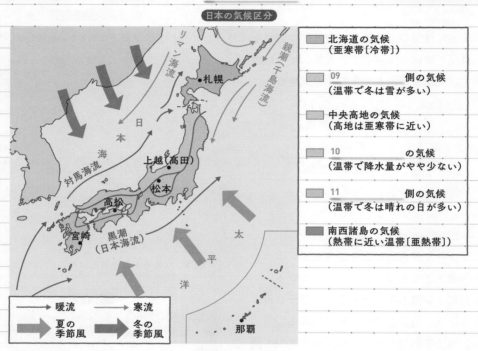

日本の気候区分

- 北海道の気候 （亜寒帯〔冷帯〕）
- 09 _____ 側の気候 （温帯で冬は雪が多い）
- 中央高地の気候 （高地は亜寒帯に近い）
- 10 _____ の気候 （温帯で降水量がやや少ない）
- 11 _____ 側の気候 （温帯で冬は晴れの日が多い）
- 南西諸島の気候 （熱帯に近い温帯〔亜熱帯〕）

→ 暖流　→ 寒流
夏の季節風　冬の季節風

日本各地の気温と降水量

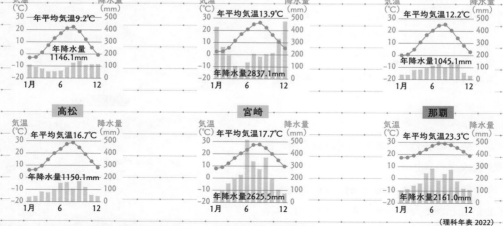

札幌 年平均気温9.2℃ 年降水量1146.1mm

上越（高田） 年平均気温13.9℃ 年降水量2837.1mm

松本 年平均気温12.2℃ 年降水量1045.1mm

高松 年平均気温16.7℃ 年降水量1150.1mm

宮崎 年平均気温17.7℃ 年降水量2625.5mm

那覇 年平均気温23.3℃ 年降水量2161.0mm

（理科年表 2022）

●都市気候：人口が集中する都市部でみられる，局地的な気候。

12 _____ ：都心部の気温が郊外に比べて高くなる現象。

→自動車やオフィスなどから大量の人工熱が排出され，アスファルトやコンクリートなどの熱を蓄えやすい人工物に地表を覆われているため。

No.
Date

地理総合
GEOGRAPHY
THE LOOSE-LEAF STUDY GUIDE
FOR HIGH SCHOOL STUDENTS

THEME 地震・津波

地震の指標

地震：<u>01　　　　　　　　</u>が動くことでプレート境界やプレート内部に徐々にひずみがたまり，それが一気に解放されて岩盤が破壊されることで起こる。

→ そのため，地震は周期的に発生することが多い。

（例）日本海溝や南海トラフでは，M 7.0 級の地震が数十年に 1 回程度の頻度で発生している。

地震の大きさを示す指標

● <u>02　　　　　　　　　　</u>：地震の規模を示す値。マグニチュードの値が 1.0 大きくなると，地震のエネルギーは約 <u>03</u>　　　　倍になる。

● <u>04　　　　　　　</u>：各地点の揺れの大きさを示す値。一般に，震度は <u>05</u>　　　　　から離れた地点ほど小さくなるが，<u>06</u>　　　　　の質によってもその大きさは変動する。日本では，震度は 0 から 7 までの階級で区分されており，そのうち震度 5 と震度 6 は弱・強の 2 つにさらに区分される。

主な地震の震源と活断層の分布

（気象庁資料，ほか）

地震の種類

●海溝型地震（プレート境界地震）

〈特徴〉

・07 _____ やトラフに沿った場所で，プレート境界にたまったひずみが解放されることで発生する。

・海底が震源となることから，08 _____ が発生することもある。

➡ 2011 年 3 月 11 日に発生した 09 _____（M 9.0）はこの海溝型地震に該当し，
青森県から関東地方にかけての太平洋沿岸は津波によって甚大な被害を受けた（東日本大震災）。

●直下型地震（内陸型地震，プレート内地震）

〈特徴〉 ┌ 数十万年前以降に活動し，将来も活動する可能性のある断層

・内陸部の 10 _____ がずれ動くことで発生する。

・震源の深さが浅く 人口密集地の直下で発生すると，地震の
規模が小さくても甚大な被害をもたらすこともある。

➡ 1995 年 1 月 17 日に発生し，11 _____ を
引き起こした兵庫県南部地震（M 7.3）などが該当する。
└ 震源の深さは約 16 km

阪神・淡路大震災で倒壊した高速道路（兵庫県）
（AP／アフロ）

地震によって引き起こされる災害（震災）

●建物や高速道路，橋などの建造物の倒壊。

●沿岸部では津波，山間部では崖崩れ，地すべり。丘陵地の盛り土された場所では土石流が発生しやすい。

┌ 三角州や埋め立て地，泥炭地など

〈地盤の弱い場所〉12 _____ 現象が発生しやすい。
└ 地震の振動によって水分を多く含んだ軟弱な砂質の地盤が液体状になる現象

➡ 1964 年に発生した新潟地震（M7.5）や東北地方太平洋沖
地震などで大規模な液状化現象が発生。

〈都市部〉13 _____ が発生しやすい。

➡電気やガス，水道の停止，鉄道の運転見合わせなどの 14 _____ の断絶や火災など。

液状化現象による道路の損壊（千葉県）
（PIXTA）

地震に伴う災害への備え

●津波や土石流の被害にあう危険性の高い土地の活用の制限。

● 15 _____ を掲載した地図を通して，地域住民に教訓を伝え防災意識の向上を目指す。

> 地図記号では 🏛 で表される。

● 16 _____ で避難経路や避難場所，被害予想範囲などを確認。

No.

Date

地理総合
GEOGRAPHY

THE LOOSE-LEAF STUDY GUIDE
FOR HIGH SCHOOL STUDENTS

THEME 火山

火山の形成と分布

〈火山の形成〉

● 海溝から斜めに沈み込んだ海洋プレート（→ P.43）が地下 100 ～ 150 km ほどの深さに達すると，**01** _____ を生じさせる。
  └ 地下で溶けた岩石のこと。
    地表に流れ出たマグマと，それが固まって岩石になったものを溶岩という

↓

● そのマグマがほぼ真上に上昇し，噴出する（噴火）。

↓

● 火山が形成される。

  → こうしてつくられた火山が帯状に分布する。

● **02** _____ ：海溝に並行してのびる火山の列。

● **03** _____ ：おおむね過去 1 万年以内に噴火した火山および現在も活発に活動している火山。日本には活火山が 110 以上ある。

主な活火山の分布

▲ 主な活火山
〰〰〰 火山前線
0   200km

有珠山
御嶽山
蔵王山
雲仙岳
富士山
浅間山
三宅島
箱根山
桜島（御岳）
阿蘇山
硫黄島

（気象庁資料，ほか）

火山前線より海溝側には火山は分布しない。

火山の噴火に伴う主な災害

● 噴火に伴う主な災害…溶岩流，火山灰，噴石，火山ガスの噴出，**04** _____ などがある。
  └ 高温の火山噴出物が斜面を高速で流れ下る現象

〈火山灰の被害〉

・火山灰が降り注いだ地域では，農作物に影響をおよぼす。

・火山灰などが堆積した火山の斜面に大雨が降ると，火山噴出物を含んだ泥流や **05** _____ （→ P.114）が斜面を流れ下り，麓に甚大な被害を与える。

火山がつくる地形と噴火に伴う災害，火山の恵み

噴石
溶岩流
火山灰の降下
火砕流
土石流
地熱発電所
温泉
カルデラ湖
カルデラ

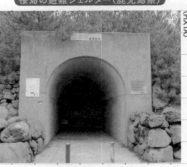

桜島の避難シェルター（鹿児島県）

(PIXTA)

火山関連災害への対策

〈噴火時の対策〉

● 火山の噴火に伴う火砕流や土石流の被害を減らし，市街地や農地を守るため，<u>06</u>　　　　　を建設。

● 噴石から逃れるため，<u>07</u>　　　　　　　　　　　を建設。

〈噴火後の対策〉

● 清掃車によって道路などに堆積した<u>08</u>　　　　　を取り除く。

● 鹿児島県の桜島付近では，宅地内などに堆積した火山灰は「克灰袋（こくはいぶくろ）」という専用の袋に入れて搬出する。

火山灰の置き場（鹿児島県）

(PIXTA)

〈噴火時期を予測する取り組み〉

● 気象庁は，近い将来噴火する可能性の高い火山の活動を 24 時間体制で監視（かんし）・観測し，噴火の前兆現象や過去の噴火の事象などから噴火時期を予測する取り組みを行っている。

火山の恵みをいかした取り組み

> 火山灰や軽石からなるシラスは，研磨材（けんまざい）やコンクリート，石けんなどにも利用されている。

火山の恵みを農業やエネルギー，観光業などにいかす取り組みも行われている。

● 火砕流が堆積してできた<u>09</u>　　　　　は，保水力が低く稲作に不向きな土壌であるが，こうした自然条件に適したさつまいもや茶を栽培し，地域の特産品としている。
　　　→九州南部に広がる火山灰などが堆積した台地

● 火山周辺では<u>10</u>　　　が多く湧き出すほか，火山が多い九州では，火山がつくる熱水や高温の蒸気を<u>11</u>　　　　に利用している。

● 島原半島（しまばら）（長崎県）など，火山の噴火により地下水が得やすい地域もある。

● 景観の美しい火山やカルデラ湖のほか，ユネスコの<u>12</u>　　　　　　　に認定された地域は，観光資源としても利用されている。
　　　→火山の噴火によって形成された大きな凹地の内部にできた湖
　　　→価値のある地質遺産を保護し，地質遺産が生み出した自然環境や文化の理解を通して，自然と人間の共生などを目指す事業やその公園

世界ジオパークに認定されている阿蘇ジオパーク（阿蘇山中岳の火口）（熊本県）

(PIXTA)

No.
Date
地理総合
GEOGRAPHY
THE LOOSE-LEAF STUDY GUIDE
FOR HIGH SCHOOL STUDENTS

THEME 気象災害

さまざまな気象災害

01 _____ ：大雨や強風，大雪，雷などの気象現象により発生する災害。日本では，水害，土砂災害，雪害が特に起こりやすい。

水害

河川下流の平野部では，大雨や集中豪雨，融雪などによる氾濫などで 02 _____ が発生しやすい。

〈洪水の種類〉

● 03 _____ ：河川の水が堤防の外から堤内地へ流れ込む洪水。
└ 堤防で守られている側

> 水位が上昇しやすい場所では，越流が起こりやすい。越流はやがて破堤を引きおこし，大きな洪水被害を生む。

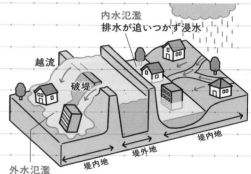

外水氾濫と内水氾濫

内水氾濫
排水が追いつかず浸水

越流

破堤

堤内地

堤内地　堤外地

外水氾濫

● 04 _____ ：堤内地に降った雨水の排水が追いつかず，家屋などが浸水する洪水。

〈日本で洪水が起こりやすい主な要因〉
- ●国土の大部分が山地・丘陵地で河川の勾配が急であること。
- ●河川や海岸沿いに暮らす人々が多いこと。
- ●梅雨前線の停滞や 05 _____ による大雨が多いこと。

台風に伴うさまざまな被害

- ●洪水のほか，強風による建物の損壊や倒木，停電などが起こることがある。
- ●沿岸部では，強風による高波や，強い低気圧によって海面の水位が上昇する 06 _____ による浸水など。

台風による千曲川の氾濫（長野県）

（アフロ）

都市部の被害

- ●都市部ではアスファルトなどで地面が覆われているため，雨水が地下へほとんど浸透せず，排水が追いつかずに河川の水位が急上昇したり，07 _____ の冠水，地下街の浸水など，08 _____ が起こることがある。
  └ 道路や鉄道の掘り下げ式の立体交差

- ●近年，狭い範囲で短時間に大雨が降る 09 _____ も増えている。

土砂災害

河川上流の山間部などでは，土砂災害が起こりやすい。土砂災害は土壌中の水分量が多いほど発生しやすい。

- ● 10 _____ ：大雨や地震などによって，山地の斜面や台地のへりの一部が急速に崩れ落ちる現象。
- ● 11 _____ ：雨水や雪解け水の地下への浸透によって，斜面の地面が原形をとどめながら大きなかたまりのまま下方へ移動する現象。
- ●土石流：集中豪雨などによって，岩や土砂が水や流木と一体となって一気に流れ下る現象。

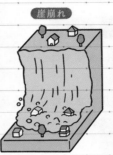

崖崩れ

地すべり

雪害

シベリア気団（➡ P.107）の勢力が強まり 12 _____ の気圧配置が続くと，日本海側に大量の雪が降り，さまざまな被害をもたらす。

- ● 13 _____ ：暴風を伴う降雪。猛吹雪で視界が失われるホワイトアウトという現象が起こることもある。
- ●地吹雪：いったん地表に降り積もった雪が，強風によって空中に吹き上げられる現象。
- ● 14 _____ ：山の斜面に積もった雪が崩れ落ちる現象。

冬型の気圧配置

シベリア気団
（寒冷，乾燥）

高

北西季節風

低

0 500 km

> その他，建物の倒壊や交通障害，除雪作業中の事故，太平洋側ではスリップ事故などが起こりやすい。

暑夏と冷夏

〈暑夏〉

- ●小笠原気団（➡ P.107）に広く覆われ 15 _____ の気圧配置が続くと，晴天が続くことが多い。
  - ➡晴天続きで梅雨の期間に降水の少ない空梅雨のときなどに，瀬戸内を中心に水不足に陥ることがある。
- ●近年，16 _____ や熱帯夜となる地域や日数が増え，熱中症などの健康被害が出ている。
  └ 夜間の最低気温が25℃以上のこと
  └ 日中の最高気温が35℃を超える日

夏型の気圧配置

低

高

南東季節風

小笠原気団
（温暖，湿潤）

0 500 km

〈冷夏〉

- ●小笠原気団の勢力が弱く，オホーツク海気団（➡ P.107）が北日本を覆うと冷夏となる。
- ●やませが北海道から東北地方の太平洋側に吹き，17 _____ が起こることがある。（➡ P.107）

No.

Date

地理総合
GEOGRAPHY

THE LOOSE-LEAF STUDY GUIDE
FOR HIGH SCHOOL STUDENTS

THEME 自然災害への備え

水害への備え

水害への対策（治水）では，大雨による雨水を一時的にためるなどして，雨水が一気に排水路に流れこまないようにする工夫が必要である。

〈主な対策〉

- ●ダムや堤防の建設。
- ●蛇行している河道を滑らかにするなどの河川の改修。
- ●河川の水位を上昇させないようにするために，
  01 _____ を建設。
- ●大雨のときに，公園や校庭，運動場などを小規模な洪水調整池（調節池）として使用。
- ●地下に地下調整池（地下調節池）を建設。
- ●住宅の屋根に降った雨を雨水タンクや雨水貯留槽へ流していったんためる。

埼玉県春日部市にある地下調整池（首都圏外郭放水路）
（PIXTA）

都市型水害の対策

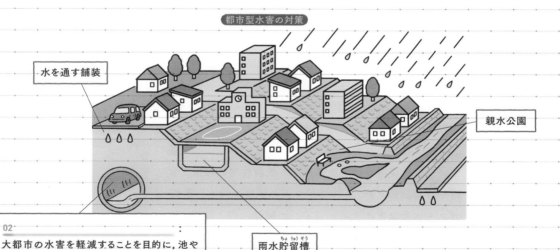

水を通す舗装

親水公園

02 _____ :
大都市の水害を軽減することを目的に，池や川からあふれた水を地下にためておく施設。

雨水貯留槽

雪害への備え

豪雪地帯の雪崩防止のためのスノーフェンス（新潟県）
（アフロ）

- ●道路下に敷設された消雪パイプから地下水や河川の水を流して，融雪を行っている地域もある。
- ●地吹雪や暴風雪による交通事故防止のため，防雪林や防雪柵の設置。
- ● 03 _____ 防止のため，スノーフェンスの設置。

ハード対策とソフト対策

● 04 　　　　　　　：構造物の建設や補強を通した防災・減災の取り組み。

（例）堤防やダム，防災施設の建設。建築物の耐震化（たいしん）など。

● 05 　　　　　　　：防災・減災に関する知識を身につけ，自らの行動によって被害を減らそうとする

備え。

（例）・ 06 　　　　　　　　　　　での避難場所や避難経路の確認。

・防災マニュアルの確認➡生活必需品の備蓄，非常用持ち出し袋（防災グッズ）の準備。

・地域の防災訓練（避難訓練）への参加。

・学校での防災教育の実施。

┌ 近い将来，南海トラフで発生することが予測されている巨大地震

→ 南海トラフ地震をはじめとする災害の被害を減らすために，ハード面とソフト面の両方の備えが重要。

自助・共助・公助

防災・減災を行うにあたっては，自助・共助・公助のそれぞれが重要な役割を担っている。

● 07 　　　　　：自分の身は自分で守ること。避難所の確認や家具の固定，生活必需品の備蓄，非常用持

ち出し袋（防災グッズ）の準備，災害時の連絡手段の確認，防災関連情報の入手など。

● 08 　　　　　：日常的に近隣や地域住民と関わりをもち，災害時に互いに協力し合って救助や支援をす

ること。地域の防災訓練やボランティアへの参加。住民による自主防災組織の運営など。

● 09 　　　　　：災害時に国や自治体などが被災者の救助や支援を行う

こと。大規模災害時には，10 　　　　　　　　　に基

づいた，被災者の救助や避難所・仮設住宅の設置，食

料や日用品の支給，医療活動などの支援を行う。電気・

ガス・水道などのライフラインの確保。

災害派遣された自衛隊員

（アフロ）

被災後の復旧・復興のための取り組み

● 11 　　　　　：道路や建物，電気，ガスなどのライフラインを被災前の状態にもどすこと。

● 12 　　　　　：被災者の生活再建だけでなく，生活環境を安全で快適にし，経済を活性化させて，人々

の暮らしを向上させること。

〈円滑な復旧・復興を実現するための被災前からの取り組み〉

●自治体…事前復興計画の作成。
　　　　　└ 災害の発生を想定し，被害を極力小さくするために行う都市計画やまちづくり

●企業…事業継続計画（BCP）の作成。
　　　　　└ 災害などが発生したときに，企業の損失を最小限に抑え，事業を復旧・継続させるための計画

No.

地理総合
GEOGRAPHY

Date

THE LOOSE-LEAF STUDY GUIDE
FOR HIGH SCHOOL STUDENTS

THEME 地域調査の方法

地域調査の手順

01 ＿＿＿＿＿＿＿：地域の課題について仮説を立ててさまざまな方法で調査を行い，その結果を分析して

発表すること。

地域調査の手順

準備 ━━━━━━━━━━━▶ 実施 ━━━━━━━━━━━▶ 整理

調査テーマの設定 → 「問い」に対する仮説を立てる

調査方法の決定 → 調査
・野外調査
・聞き取り調査
・文献調査
　　　　　など

調査結果の分析 → 調査結果の発表

①調査テーマの設定

●調査テーマを決めるには，地域の地形図や写真を見たり，集めた情報を分野ごとに整理したりして，

できるだけ調査内容を調査可能な範囲までしぼるようにする。

●新聞や報道番組，日常生活などから疑問に思った事象や興味をもった事象をカードなどに書き出し，

そうした事象がみられる理由や背景，事象が抱える課題などを，自分の知識や経験などをもとにさま

ざまな視点から考察して「問い」を設定する。

●調査テーマをしぼり込めない場合は，地域の実情や課題を把握するために，図書館にある書籍や統計

資料にあたってみるのもよい。

②仮説を立てる

●「問い」を設定したら，現地調査を行う前に 02 ＿＿＿＿＿＿＿＿＿＿ を行う。

➡調査の「問い」に関する統計資料や文献資料などを整理し，調査の全体像を把握することが目的。

●資料が集まったら，それらを参考に多角的に考察し，「問い」に対する 03 ＿＿＿＿ を立てる。

●仮説を立てたら，それが正しいかどうかをさまざまな調査方法を用いて検証する。

③調査

●野外調査，現地調査（フィールドワーク），聞き取り調査，文献調査などがある。

●調査項目ごとに適切な調査方法をまとめておく。

●調査の目的，内容，手順を事前に整理しておく。

●聞き取りした内容や観察したことなどを記録するため，04 ＿＿＿＿＿＿＿＿＿＿ を持参する。

●調査に必要な地形図を用意し，地域の特徴を読み取る。

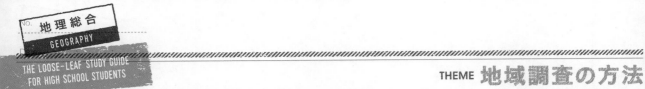

〈野外調査（野外観察）〉

●調査前に，地形図を用いて訪れる予定の場所に番号をふって道順を示した 05 ＿＿＿＿＿＿ を作成しておくと，効率的に調査を進めることができる。

> ルートマップに観察や撮影ポイントの印を記入しておく。

ルートマップを表示した例

（国土地理院ウェブサイト）

●カメラやビデオカメラを持って行き，気になった地形や景観などを写真や動画に残す。

➡撮影の際には，周囲の人々のプライバシーに配慮することに留意する。

●写真や動画に残すことができない場合はスケッチで記録する。

〈聞き取り調査〉

●事前に質問内容を整理し，取材相手に連絡を取り，訪問の日時や人数，目的などを明確に伝えておく。

●相手に許諾を得たうえで，取材時に録音や録画をする。

●フィールドノートに聞き取りした内容や，疑問に思ったこと，気づいたことなどを記録する。

〈文献調査（資料調査）〉

●市役所や図書館などを活用し情報を収集する。情報の出典は必ずメモしておく。

● 06 ＿＿＿＿＿＿ での情報の収集では，行政の公式サイトなど信ぴょう性の高いものを利用する。

主な資料とその入手先

主な資料	資料の入手先	資料からわかること
市区町村要覧などの統計	各役所のウェブサイトなど	地域の人口，農産物の生産量，工業別出荷額，観光客数など
農業協同組合，商工会議所などのパンフレット	農業協同組合，商工会議所など	地域の産業に関する詳しい情報
地域の郷土資料	郷土資料館，図書館	地域の歴史，地域の産業や地名の変化，昔の人々の生活の様子など
地形図	国土地理院，書店など	地形や土地利用の変化

④調査結果の分析・発表

●統計資料はグラフ，表，主題図などに加工したり，Web GIS（→ P.29）を使って地図上に示したりすることで，事象の特徴や変化をわかりやすく伝える。

●調査不足が判明した場合には 07 ＿＿＿＿＿＿ を行うことも有効である。

●調査結果が仮説と合っているのかどうかを検証する。

> プロジェクターを使って大きな画面を共有すると，聞き手も発表資料が見やすく理解しやすい。

●調査結果はレポート，ポスター，プレゼンテーション用のスライドなどの形式でまとめて発表する。

P.021-022 緯度と経度

01 赤道　　02 緯線　　03 本初子午線　　04 経線（子午線）

05 北回帰線　　06 南回帰線　　07 白夜　　08 極夜

P.023-024 時差

01 15　　02 グリニッジ標準時（GMT）　　03 標準時子午線

04 日付変更線　　05 サマータイム制度

P.025-026 さまざまな地図

01 ひずみ　　02 地図投影法（図法）　　03 メルカトル　　04 モルワイデ

05 サンソン　　06 正距方位　　07 地理情報　　08 主題図　　09 地形図

10 絶対分布図　　11 相対分布図　　12 ドットマップ　　13 等値線図

14 図形表現図　　15 流線図　　16 階級区分図（コロプレスマップ）　　17 メッシュマップ

P.027-028 地形図の利用

01 国土地理院　　02 縮尺　　03 等高線　　04 電子国土基本図　　05 縮尺

P.029-030 地理情報システムの活用

01 地理情報システム（GIS）　　02 ビッグデータ

03 リモートセンシング（遠隔探査）　　04 全球測位衛星システム（GNSS）

05 地理院地図　　06 国土地理院

P.031-032 国家のなりたちと日本の領域

01 国民　　02 主権　　03 接続水域

04 排他的経済水域（EEZ）　　05 自然的国境　　06 人為的国境

07 北方領土　　08 竹島　　09 尖閣諸島

P.033-034 国家間の結びつき

01 持続可能な開発目標（SDGs）　　02 グローバル化　　03 ヨーロッパ連合（EU）

04 米国・メキシコ・カナダ協定（USMCA）　　05 アジア太平洋経済協力（APEC）

P.035-036 貿易の拡大

01 BRICS　　02 世界貿易機関（WTO）　　03 自由貿易協定（FTA）　　04 経済連携協定（EPA）

05 知的財産権　　06 国際分業　　07 水平貿易（水平分業）

08 垂直貿易（南北貿易，垂直分業）　　09 先進

P.037-038　交通機関の発達

01 時間距離　　02 海上交通　　03 国際河川

04 ハブ空港　　05 モータリゼーション（車社会化）

P.039-040　通信技術の発達

01 通信衛星　　02 海底ケーブル（海底光ファイバーケーブル）

03 電子商取引（eコマース）　　04 ビッグデータ　　05 情報格差（デジタルデバイド）

06 サイバー犯罪

P.041-042　国境をこえる人の移動

01 多文化共生社会　　02 世界金融危機（リーマンショック）　　03 ビザ（査証）

04 観光庁　　05 インバウンド・ツーリズム　　06 世界遺産　　07 グリーンツーリズム

08 エコツーリズム

P.043-044　大地形とプレート

01 内的営力　　02 大地形　　03 外的営力　　04 小地形　　05 プレートテクトニクス

06 海溝　　07 海嶺　　08 変動帯　　09 安定陸塊（安定大陸，安定地塊）

10 造山帯　　11 侵食平野　　12 楯状地（盾状地）　　13 卓状地　　14 ケスタ

P.045-046　河川がつくる地形

01 V字谷　　02 谷底平野　　03 河岸段丘　　04 扇状地　　05 水無川

06 氾濫原　　07 自然堤防　　08 後背湿地　　09 三角州（デルタ）

P.047-048　海岸にみられる地形

01 リアス海岸　　02 三陸　　03 フィヨルド　　04 岩石海岸

05 海岸段丘　　06 海岸平野　　07 干潟　　08 砂州　　09 サンゴ礁

P.049-050　氷河地形・乾燥地形・カルスト地形

01 大陸氷河（氷床）　　02 U字谷　　03 モレーン　　04 メサ

05 ビュート　　06 岩石砂漠　　07 砂砂漠　　08 ワジ

09 カルスト地形　　10 ドリーネ　　11 ウバーレ　　12 ポリエ（溶食盆地）

P.051-052　気候と降水

01 気候要素　　02 気候因子　　03 大陸性気候　　04 海洋性気候　　05 上昇気流

06 赤道　　07 低圧帯

P.053-054 大気大循環と恒常風・季節風

01 大気大循環（大気の大循環）　　02 熱帯収束帯（赤道低圧帯）

03 亜熱帯高圧帯（中緯度高圧帯）　　04 亜寒帯低圧帯（高緯度低圧帯）

05 雨季　　06 乾季　　07 貿易風　　08 偏西風

09 恒常風　　10 季節風（モンスーン）

P.055-056 世界の気候区分

01 植生　　02 ケッペン　　03 熱帯　　04 温帯　　05 亜寒帯（冷帯）

06 寒帯　　07 乾燥帯　　08 土壌

P.057-058 雨温図・ハイサーグラフの見方

01 雨温図　　02 ハイサーグラフ　　03 大きい　　04 小さい

05 北半球　　06 南半球　　07 気温の年較差　　08 降水量の年較差

P.059-060 熱帯の自然と人々のくらし

01 ラトソル　　02 熱帯雨林気候　　03 熱帯モンスーン気候（弱い乾季のある熱帯雨林気候）

04 サバナ気候　　05 スコール　　06 熱帯雨林　　07 焼畑農業（焼畑，移動耕作）

08 プランテーション　　09 季節風（モンスーン）　　10 サバナ

11 雨季　　12 乾季

P.061-062 乾燥帯の自然と人々のくらし

01 外来河川　　02 砂漠　　03 砂漠気候　　04 ステップ気候

05 オアシス　　06 ワジ　　07 遊牧　　08 日干しれんが

09 サヘル　　10 遊牧

P.063-064 温帯の自然と人々のくらし

01 西岸海洋性気候　　02 温暖湿潤気候　　03 温暖冬季少雨気候（温帯冬季少雨気候，温帯夏雨気候）

04 地中海式農業　　05 偏西風　　06 季節風（モンスーン）　　07 熱帯低気圧　　08 二期作

P.065-066 亜寒帯・寒帯の自然と人々のくらし

01 寒帯　　02 亜寒帯湿潤気候（冷帯湿潤気候）

03 亜寒帯冬季少雨気候（冷帯冬季少雨気候，亜寒帯夏雨気候）

04 ツンドラ気候　　05 氷雪気候　　06 永久凍土　　07 タイガ　　08 ツンドラ　　09 大陸氷河

10 低くなる

P.067-068 農業の発展と人々のくらし

01 栽培限界　　02 灌漑　　03 客土　　04 品種改良

05 自給的農業　　06 商業的農業　　07 企業的農業　　08 混合農業

09 共通農業政策　　10 遺伝子組み換え

P.069-070 工業の発展と人々のくらし

01 軽工業　　02 重化学工業　　03 情報通信技術 (ICT)

04 計画経済　　05 人民公社　　06 改革開放政策　　07 郷鎮企業

08 経済特区　　09 世界の工場　　10 重工業三角地帯　　11 青いバナナ (ブルーバナナ)

P.071-072 商業の変化と人々のくらし

01 商圏　　02 モータリゼーション (車社会化)　　03 コンビニエンスストア

04 フードデザート　　05 商圏

P.073-074 情報産業の発展と人々のくらし

01 サイバー犯罪　　02 ボーダーレス　　03 情報産業

04 シリコンヴァレー (シリコンバレー)　　05 産業の情報化　　06 IoT

07 人工知能 (AI)　　08 テレワーク (リモートワーク, 在宅勤務)

P.075-076 産業のグローバル化と人々のくらし

01 多国籍企業　　02 産業のグローバル化　　03 知識産業　　04 技術輸出

05 脱工業化社会　　06 コンテンツ

P.077-078 多様な文化と人々のくらし

01 ネイティブアメリカン　　02 ワスプ (WASP)　　03 ヒスパニック

04 多民族社会　　05 移民　　06 シリコンヴァレー (シリコンバレー)

07 先住民　　08 スペイン　　09 混血　　10 プランテーション

P.079-080 言語と人々のくらし

01 民族　　02 公用語　　03 旧宗主国　　04 少数民族　　05 公用語

P.081-082 宗教と人々のくらし

01 世界宗教　　02 民族宗教　　03 ユダヤ教　　04 カトリック　　05 ムスリム

06 コーラン (クルアーン)　　07 豚　　08 ハラールフード　　09 断食月 (ラマダーン)

10 仏教　　11 ヒンドゥー教　　12 牛　　13 菜食主義者 (ベジタリアン)　　14 エルサレム

THE LOOSE-LEAF STUDY GUIDE
FOR HIGH SCHOOL STUDENTS

解答

P.083-084　歴史的背景と人々のくらし

01 大土地所有制　　02 プランテーション　　03 アグリビジネス

04 標高　　05 焼畑農業　　06 旧宗主国

07 人為的国境　　08 モノカルチャー　　09 計画経済

10 市場経済　　11 資本主義　　12 BRICS

P.085-086　地球的課題と SDGs

01 南北問題　　02 南南問題　　03 持続可能な開発目標（SDGs）　　04 政府開発援助（ODA）

05 非政府組織（NGO）

P.087-088　地球環境問題①（さまざまな地球環境問題）

01 地球環境問題　　02 大気汚染　　03 酸性雨

04 化石燃料　　05 砂漠化　　06 サヘル

07 国連砂漠化対処条約　　08 マングローブ　　09 アグロフォレストリー

P.089-090　地球環境問題②（地球温暖化など）

01 温室効果ガス　　02 気候変動枠組条約　　03 京都議定書

04 パリ協定　　05 脱炭素社会　　06 プラスチックごみ

07 オゾン層　　08 オゾンホール

P.091-092　資源・エネルギー問題

01 金属資源　　02 レアメタル（希少金属）　　03 非金属資源

04 1次エネルギー　　05 2次エネルギー　　06 エネルギー革命

07 国際石油資本（石油メジャー）　　08 資源ナショナリズム　　09 石油輸出国機構（OPEC）

10 石油危機（オイルショック）　　11 石油　　12 石炭

13 水力　　14 再生可能エネルギー

P.093-094　人口問題①（世界の人口と人口ピラミッド）

01 エクメーネ　　02 アネクメーネ　　03 発展途上国

04 人口爆発　　05 高い　　06 高い　　07 低い　　08 低い

09 少子高齢化　　10 釣鐘型　　11 つぼ型

12 死亡率　　13 出生率

ANS.

No.
Date

THE LOOSE-LEAF STUDY GUIDE
FOR HIGH SCHOOL STUDENTS

解答

GEOGRAPHY

P.095-096 人口問題②(発展途上国・先進国の人口問題)

01 家族計画　　02 識字率　　03 一人っ子政策　　04 合計特殊出生率

05 移民　　06 育児休暇制度

P.097-098 食料問題

01 食料不足　　02 商品作物　　03 干ばつ　　04 感染症

05 モノカルチャー　　06 飢餓　　07 飽食　　08 とうもろこし

09 食品ロス　　10 フードバンク　　11 緑の革命　　12 JICA

13 ネリカ米　　14 食料自給率　　15 遺伝子組み換え作物

P.099-100 都市・居住問題

01 中心業務地区(CBD)　　02 夜間人口　　03 昼間人口

04 インフラ(インフラストラクチャー)　　05 インナーシティ　　06 ジェントリフィケーション

07 スプロール現象　　08 コンパクトシティ　　09 ドーナツ化現象

10 ニュータウン　　11 再開発　　12 首位都市(プライメートシティ)　　13 スラム

P.101-102 民族問題

01 難民　　02 民族紛争　　03 ルワンダ紛争　　04 ロヒンギャ問題

05 国民国家(民族国家)　　06 多民族国家　　07 冷戦(東西冷戦)　　08 イスラーム原理主義

09 同化主義　　10 多文化主義　　11 白豪主義

P.103-104 その他の地球的課題

01 産業革命　　02 下水道　　03 トイレ　　04 感染症　　05 アラル海

06 政府開発援助(ODA)　　07 非政府組織(NGO)　　08 識字率　　09 女性　　10 貧困

P.105-106 日本の地形

01 北アメリカプレート　　02 フィリピン海プレート

03 海溝型地震(プレート境界地震)　　04 直下型地震(内陸型地震,プレート内地震)

05 ユーラシア　　06 太平洋　　07 フォッサマグナ　　08 糸魚川・静岡構造線　　09 中央構造線

10 内帯　　11 外帯　　12 V字谷　　13 沖積平野

P.107-108 日本の気候

01 季節風(モンスーン)　　02 シベリア気団　　03 小笠原気団　　04 梅雨

05 やませ　　06 台風　　07 雪　　08 季節風　　09 日本海　　10 瀬戸内

11 太平洋　　12 ヒートアイランド現象

解答

P.109-110 地震・津波

01 プレート　　02 マグニチュード（M）　　03 32　　04 震度　　05 震源

06 地盤　　07 海溝　　08 津波　　09 東北地方太平洋沖地震　　10 活断層

11 阪神・淡路大震災（阪神大震災）　　12 液状化　　13 二次災害　　14 ライフライン

15 自然災害伝承碑　　16 ハザードマップ（防災地図，防災マップ，被害予測図，被害想定図）

P.111-112 火山

01 マグマ　　02 火山前線（火山フロント）　　03 活火山　　04 火砕流

05 土石流　　06 砂防施設　　07 避難シェルター（退避壕）　　08 火山灰

09 シラス台地　　10 温泉　　11 地熱発電　　12 世界ジオパーク

P.113-114 気象災害

01 気象災害　　02 洪水　　03 外水氾濫　　04 内水氾濫　　05 台風

06 高潮　　07 アンダーパス　　08 都市型水害　　09 局地的大雨（ゲリラ豪雨）

10 崖崩れ　　11 地すべり　　12 西高東低　　13 暴風雪　　14 雪崩

15 南高北低　　16 猛暑日　　17 冷害

P.115-116 自然災害への備え

01 遊水地（遊水池）　　02 地下調整池（地下調節池）　　03 雪崩

04 ハード対策　　05 ソフト対策

06 ハザードマップ（防災地図，防災マップ，被害予測図，被害想定図）

07 自助　　08 共助　　09 公助　　10 災害対策基本法

11 復旧　　12 復興

P.117-118 地域調査の方法

01 地域調査　　02 事前調査（デスクワーク）　　03 仮説　　04 フィールドノート

05 ルートマップ　　06 インターネット　　07 再調査

No.
Date

ANS.

THE LOOSE-LEAF STUDY GUIDE
FOR HIGH SCHOOL STUDENTS

MEMO

GEOGRAPHY

THE LOOSE-LEAF STUDY GUIDE
FOR HIGH SCHOOL STUDENTS

MEMO

GEOGRAPHY